LOS HOMBRES ME EXPLICAN COSAS

REBECCA SOLNIT

LOS HOMBRES ME EXPLICAN COSAS

REBECCA SOLNIT

Traducción de
Paula Martín Ponz

Haymarket Books
Chicago, Illinois

Originalmente titulado *Men Explain Things To Me*,
publicado en inglés por Haymarket Books, 2015.

© 2015 Rebecca Solnit

Primero publicado en edición español por Capitán Swing Libros, 2015.

Traducción © Paula Martín Ponz

© Arte interior por Ana Teresa Fernandez, http://anateresafernandez.com

© Diseño gráfico por Filo Estudio, www.filoestudio.com

Cubierta diseñado por Abby Weintraub

Ésta edición publicado por:

Haymarket Books

P.O. Box 180165

Chicago, IL 60618

773-583-7884

www.haymarketbooks.org

ISBN: 978-1-60846-721-1

Impreso en Canadá por trabajo de sindicato.

Está disponible información de Library of Congress Cataloging-in-Publication.

10 9 8 7 6 5 4 3 2 1

ÍNDICE

A las abuelas, a las que luchan
por la igualdad de derechos,
a las soñadoras,
a los hombres que lo entienden,
a las jóvenes que continúan con la lucha,
a las más mayores que abrieron el camino,
a las conversaciones sin fin y a un mundo
que permitirá que Ella Nachimovitz
(nacida en enero de 2014)
se desarrolle para vivir
plenamente su vida.

CAPÍTULO 1

LOS HOMBRES ME EXPLICAN COSAS

Aún no sé por qué Sally y yo nos molestamos en ir a aquella fiesta en una pista forestal en la cima de Aspen. Todo el mundo era mayor que nosotras y distinguidamente aburrido; suficientemente mayores como para que nosotras, ya con cuarenta y tantos, pasásemos como las jovencitas de la velada. La casa era fantástica —si te gustan los chalés estilo Ralph Lauren—: una cabaña a más de 2.700 metros de altura, burdamente lujosa, llena de cornamentas de alce, un montón de *kilims* y una estufa de leña. Nos disponíamos a marchar cuando nuestro anfitrión nos dijo: «No, quedaos un poco más para que pueda hablar con vosotras». Era un hombre físicamente imponente, que había amasado mucho dinero.

Nos hizo esperar mientras que el resto de los invitados se sumergía en la noche veraniega, después nos sentó alrededor de una mesa de auténtica madera veteada y me dijo: —¿Así que...? He oído que has escrito un par de libros.

—Varios, de hecho —repliqué.

Lo dijo de la misma manera que animas al hijo de siete años de tu amiga a que te describa sus clases de flauta: —Y ¿de qué tratan?».

Para ser exactos trataban sobre diferentes cosas, los seis o siete que, hasta entonces, había publicado, pero comencé a hablar solo del más reciente en aquel día de verano de 2003, *River of Shadows: Edward Muybridge and the Technological Wild West*, mi libro sobre la aniquilación del tiempo y el espacio y la industrialización de la vida cotidiana.

Me cortó rápidamente en cuanto mencioné a Muybridge: —Y, ¿has oído hablar acerca de ese libro *realmente importante* sobre Muybridge que ha salido este año?

Tan inmersa estaba dentro del papel de ingenua que se me había asignado que estaba más que dispuesta a aceptar la posibilidad de que se hubiese publicado, al mismo tiempo que el mío, otro libro sobre exactamente el mismo tema y que de alguna manera se me hubiese pasado. Él ya había empezado a hablarme de ese libro realmente importante, con esa mirada petulante que tan bien reconozco en los hombres cuando pontifican, con los ojos fijos en el lejano y desvaído horizonte de su propia autoridad.

Llegados a este punto, dejadme deciros que mi vida está bien salpicada de hombres maravillosos, con una larga ristra de editores que me han escuchado, animado y publicado desde que era joven; con un hermano más joven, infinitamente generoso, con espléndidos amigos de los cuales puede decirse —como el clérigo de los *Cuentos de Canterbury* que aún recuerdo de las clases del señor Pelen sobre Chaucer— «disfrutaba estudiando y enseñando». Aun así, también están esos otros hombres. Así que el señor Muy Importante continuaba hablando con suficiencia acerca de este libro que yo debería conocer cuando Sally le interrumpió para decirle: «Ese es su libro». Bueno, o intentó interrumpirle.

Pero él continuó a lo suyo. Sally tuvo que decir «Ese es su libro» tres o cuatro veces hasta que él finalmente le hizo caso. Y entonces, como si estuviésemos en una novela del siglo xix, se puso lívido. El que yo fuese de hecho la autora de un libro muy importante que resultó que ni siquiera se había leído, sino que solo había leído sobre él en el *New York Times Book Review* unos meses antes, desbarató las categorías bien definidas en las que su mundo estaba compartimentado y se quedó sorprendentemente enmudecido por un segundo, antes de empezar a pontificar de nuevo. Como somos mujeres, esperamos educadamente a estar fuera del alcance del oído de nadie antes de romper a reír, y no hemos dejado de hacerlo desde entonces.

Me gustan los incidentes de este tipo, cuando fuerzas que normalmente son tan escurridizas y difíciles de señalar serpentean resbalando fuera de la hierba y se vuelven tan obvias como, por ejemplo, una anaconda que se hubiese tragado una vaca o una mierda de elefante en la alfombra.

La resbaladiza pendiente del silenciamiento

Sí, claro que hay personas de ambos géneros que aparecen de repente en cualquier evento para pontificar acerca de cosas irrelevantes y con teorías conspirativas, pero la total confianza en sí mismos que tienen para polemizar los totalmente ignorantes está, según mi experiencia, sesgada por el género. Los hombres me explican cosas, a mí y a otras mujeres, independientemente de que sepan o no de qué están hablando. Algunos hombres. Todas las mujeres saben de qué les estoy hablando. Es la arrogancia lo que lo hace difícil, en ocasiones, para cualquier mujer en cualquier campo; es la que mantiene a las mujeres alejadas de expresar lo que piensan y de ser escuchadas cuando se atreven a hacerlo; la que sumerge en el silencio a las mujeres jóvenes indicándoles, de la misma manera que lo hace el acoso callejero, que este no es su mundo. Es la que nos educa en la inseguridad y en la autolimitación de la misma manera que ejercita el infundado exceso de confianza de los hombres.

No me sorprendería si parte de la trayectoria política norteamericana desde 2001 estuviera marcada por, digamos, la incapacidad de escuchar a Coleen Rowley, la mujer del FBI que lanzó los primeros avisos acerca de Al Qaeda, y desde luego está influida por la administración Bush, a la cual no se le podía decir nada, ni siquiera el hecho de que Irak no tenía vínculos con Al Qaeda ni armas de destrucción masiva, ni el que la guerra no iba a ser «pan comido» (ni siquiera los expertos varones pudieron penetrar en la fortaleza de dicha petulancia).

Puede que la arrogancia tuviera algo que ver con la guerra, pero este síndrome es una guerra a la que se enfrentan casi todas las mujeres cada día, una guerra también contra ellas mismas, una creencia en su superfluidad, una invitación al silencio, una guerra de la cual una buena carrera como escritora (con un montón de investigaciones y estudios correctamente desarrollados) no me ha librado totalmente. Al fin y al cabo, hubo un momento en el que estaba más que dispuesta a dejar que el señor

Muy Importante y su altiva confianza en sí mismo derribasen mis más precarias certezas.

No olvidemos que poseo mucha más seguridad acerca de mi derecho a pensar y a hablar que la mayor parte de las mujeres, y que he aprendido que cierta cantidad de dudas sobre las propias posibilidades suponen una buena herramienta para corregir, comprender, escuchar y progresar, aunque demasiadas pueden ser paralizantes y la total confianza en uno mismo produce idiotas arrogantes. Existe un feliz punto intermedio entre estos dos polos opuestos a los que los géneros se han visto empujados, un cálido e intermedio ecuador de intercambio que debería ser el punto de encuentro de todos nosotros.

Versiones más extremas de nuestra situación existen, por ejemplo, en aquellos países de Oriente Próximo en los que el testimonio de la mujer no tiene validez alguna: una mujer no puede declarar que ha sido violada sin un hombre testigo que contradiga al hombre violador; algo que raramente sucede.

La credibilidad es una herramienta de supervivencia. Cuando yo era muy joven y justo empezaba a entender de qué iba el feminismo y por qué era necesario, tuve un novio cuyo tío era físico nuclear. Unas Navidades, este relataba —como si fuese un tema divertido y liviano— cómo la mujer de un vecino de su zona residencial de adinerados había salido corriendo de casa, desnuda, en medio de la noche, gritando que su marido quería matarla. «¿Cómo supiste que no estaba intentando matarla?», le pregunté. Él explicó, pacientemente, que eran respetables personas de clase media. Y por eso el que «su marido intentase asesinarla», simplemente, no era una explicación plausible para que ella abandonase la casa gritando que su esposo la estaba intentando matar. Por otro lado, ella estaba loca...

Incluso obtener una orden de alejamiento —una herramienta legal relativamente nueva— requiere poseer la credibilidad de convencer al juzgado de que determinado tipo es una amenaza, y después conseguir que los policías la hagan cumplir. De todas maneras las órdenes de alejamiento no funcionan. La violencia es una manera de silenciar a las personas, de negarles la voz y su credibilidad, de afirmar tu derecho a controlarlas sobre su derecho a existir. En este país, unas tres mujeres son asesinadas cada día por sus esposos o exesposos. Es una de las principales causas en los Estados Unidos de muerte de mujeres embarazadas. El eje central en la lucha del feminismo para que se catalogasen como delitos la violación, la violación durante una cita, violación marital, violencia doméstica y el acoso sexual laboral ha sido la necesidad de hacer creíbles y audibles a las mujeres.

Tiendo a creer que las mujeres adquirieron el estatus de seres humanos cuando se empezó a tomar este tipo de actos seriamente, cuando los grandes asuntos que nos paralizaban y asesinaban fueron abordados jurídicamente a partir de mediados de los setenta; bastante tarde, más o menos cuando yo nací. Para cualquiera que quiera discutir sobre si la intimidación sexual en el lugar de trabajo no es un asunto de vida o muerte, recordemos a la cabo del cuerpo de marines Maria Lauterbach, de veinte años de edad, que fue aparentemente asesinada por su colega de rango superior una noche de invierno cuando ella estaba esperando para testificar que él la había violado. Los restos quemados de su cuerpo embarazado se encontraron entre las cenizas de una fogata en su patio trasero.

Decirle a alguien, categóricamente, que él sabe de lo que está hablando y ella no, aunque sea durante una pequeña parte de la conversación, perpetúa la fealdad de este mundo y retiene su luz. Tras la aparición de mi libro *Wanderlust*, en 2000, me di cuenta de que era más capaz de defender mis propias percepciones e interpretaciones. Durante aquella temporada en dos ocasiones recriminé el comportamiento de un hombre, solo para que se me dijera que las cosas no habían sucedido para nada tal y como yo las contaba, que estaba siendo subjetiva, que deliraba, estaba alterada, era deshonesta; en resumen, era mujer.

Durante la mayor parte de mi vida, habría dudado de mí misma y retrocedido. El tener respaldo público como escritora me ayudó a permanecer en mi lugar, pero pocas mujeres obtienen este apoyo, y probablemente ahí fuera, a millones de mujeres se les está diciendo, en este planeta de siete mil millones de personas, que no son testigos fiables de sus propias vidas, que la verdad no es algo que les pertenezca, ni ahora ni nunca. Esto va más allá del

Hombres Que Explican Cosas, pero forma parte del mismo archipiélago de arrogancia. Y aun así, los hombres me explican cosas. Ningún hombre se ha disculpado nunca por explicarme erróneamente cosas que yo sabía y ellos no. Todavía no, pero según las tablas actuariales, puede que aún me queden otros cuarenta y tantos años de vida, más o menos, así que podría suceder. Pero no esperaré sentada a que suceda.

Las mujeres luchan en dos frentes

Unos cuantos años después del idiota de Aspen, estaba en Berlín dando una charla cuando el escritor marxista Tariq Ali me invitó a una cena que incluía a un escritor, a un traductor y a tres mujeres un poco más jóvenes que yo que permanecieron con deferencia y casi totalmente en silencio a lo largo de la cena. Tariq estuvo magnífico. Tal vez el traductor estaba molesto porque yo hubiese insistido en mantener un papel modesto en la conversación, pero cuando comenté algo acerca de cómo el Movimiento de Mujeres por la Paz (el extraordinario y escasamente conocido grupo antinuclear y antibélico fundado en 1961) ayudó a acabar con la caza de brujas anticomunista del Comité de Actividades Antiamericanas, HUAC [en sus siglas en inglés], el señor Muy Importante II me miró con desagrado. El HUAC, insistió, no existía a principios de los sesenta y, de todas formas, ningún grupo de mujeres tuvo esa importancia en la caída del HUAC. Su desprecio fue tan devastador, su confianza en sí mismo tan agresiva, que discutir con él suponía un temible ejercicio de futilidad y una invitación a más insultos.

Creo que para entonces había escrito nueve libros, incluyendo uno que bebía de los documentos originales del grupo y de las entrevistas a una de las miembros clave del Movimiento de Mujeres por la Paz. Pero los hombres que explican cosas aún asumen que soy, en una obscena metáfora fecundadora, un recipiente vacío que debe ser rellenado con su sabiduría y conocimiento. Un freudiano diría que ellos saben qué es lo que ellos poseen y a mí me falta, pero la inteligencia no está situada en la entrepierna, ni siquiera si puedes escribir una de las largas y melifluas frases musicales de Virginia Woolf acerca de la sutil subyugación de las mujeres con tu pajarito. De regreso a mi habitación en el hotel, investigué un poco en la red y encontré que Eric Bentley, en su historia definitiva sobre el Comité de Actividades Antiamericanas, le reconoce al Movimiento de Mujeres por la Paz el «haber asestado el golpe definitivo en la toma de la Bastilla de la HUAC», a principios de los sesenta.

Así que comencé un ensayo (sobre Janet Jacobs, Betty Friedan y Rachel Carson) para el *Nation,* con esta mención, en parte como reconocimiento a uno de los hombres más desagradables que me han explicado cosas: tío, si estás leyendo esto, eres un forúnculo en la cara de la humanidad y un obstáculo para la civilización. Avergüénzate.

La batalla contra los Hombres Que Explican Cosas ha pisoteado a muchas mujeres: a las de mi generación, las de la próxima generación que tan desesperadamente necesitamos, aquí y en Pakistán y en Bolivia y en Java, por no hablar de las mujeres que estuvieron antes que yo y que no eran admitidas en el laboratorio o en la biblioteca o en la conversación o en la revolución o, incluso, en la categoría llamada humana.

Después de todo, el Movimiento de Mujeres por la Paz fue fundado por mujeres que estaban cansadas de hacer café y mecanografiar y de no tener ningún tipo de voz ni papel en la toma de decisiones en el movimiento antinuclear de los años cincuenta. La mayor parte de las mujeres luchan en dos frentes en las guerras: uno que depende de cuál sea el motivo en discusión y otro por el simple derecho a hablar, a tener ideas, a que se reconozca que están en posesión de hechos y verdades, a tener valor, a ser un ser humano. Las cosas han mejorado, pero esta guerra no acabará durante mi vida. Aún lucho en ella, obviamente por mí, pero también por esas mujeres más jóvenes que tienen algo que decir, con la esperanza de que puedan decirlo.

Epílogo

Una noche de marzo de 2008, tras la cena, empecé a bromear, como había hecho muchas veces en otros momentos, acerca de escribir un ensayo titulado *Los hombres me explican cosas*. Cada escritor posee una cuadra de ideas que nunca participarán en ninguna carrera, y yo he estado cabalgando este poni por diversión de vez en cuando. Mi anfitriona, la brillante teórica y activista Marina Sitrin, insistió en que debía escribirlo porque había gente como su joven hermana Sam que necesitaba leer algo así. Las jóvenes, dijo, necesitaban saber que ser minusvaloradas no era algo que fuese resultado de sus propios defectos secretos; sino que era algo que venía de las viejas guerras de género, y que nos había sucedido a la mayor parte de las que somos mujeres en algún momento u otro de nuestra vida.

Lo escribí de una tirada durante las primeras horas de la mañana siguiente. Cuando algo encaja por sí mismo tan rápido, queda claro que de alguna manera se ha estado componiendo solo en algún lugar desconocido del cerebro durante largo tiempo. Ese algo quería ser escrito; impaciente por salir a la pista de carreras, echó a galopar desaforadamente en cuanto me senté delante del ordenador. Como en aquellos tiempos Marina dormía hasta más tarde que yo, se lo serví de desayuno y más tarde el mismo día se lo envié a Tom Engelhardt de TomDispatch, que poco tiempo después lo publicaba en formato digital. Se empezó a difundir rápidamente, tal y como lo hacen los ensayos que se cuelgan en la página de Tom, y no ha dejado de circular, de ser reenviado, compartido y comentado. Nada de lo que he hecho ha circulado de esta manera.

Tocó la fibra sensible. Y puso de los nervios.

Algunos hombres replicaron que los hombres que explican cosas a las mujeres realmente no eran un fenómeno de género. Normalmente, a esto las mujeres respondían señalando que, al insistir en su derecho a desestimar las experiencias que las mujeres afirmaban tener, estos hombres estaban consiguiendo explicar las cosas tal y como dije que lo hacían a veces. (Para que quede constancia, creo que las mujeres han explicado las cosas de manera paternalista a algunos hombres. Pero esto no es indicativo de la masiva diferenciación de poder que adquiere formas mucho más siniestras, así como tampoco del amplio patrón de cómo funciona el género en nuestra sociedad).

Algunos hombres lo entendieron y aceptaron. Esto, después de todo, se escribía en la era en la que el feminismo se había transformado en una presencia más significativa, y ser feminista era más divertido que nunca. En TomDispatch en 2008, recibí un correo electrónico de un hombre mayor de Indianápolis. Me escribía para decirme que «él nunca había sido injusto profesional o personalmente con una mujer» y me reprendía por no salir por ahí con «chicos más normales o al menos hacer un poco los deberes primero». Después me dio algunos consejos acerca de cómo vivir mi vida y habló acerca de mis «sentimientos de inferioridad». Él pensaba que ser tratada con condescendencia era una experiencia que la mujer elegía tener, o que podría haber elegido no tener; así que toda la culpa era mía.

Surgió una página web llamada «Los hombres académicos me explican cosas», y cientos de mujeres universitarias compartieron sus experiencias de cómo habían sido tratadas condescendientemente, minusvaloradas, ignoradas y demás. Al poco de aquello se acuñó el término *mansplaining*,[1] y en ocasiones se me atribuyó su creación. En realidad, yo no tuve nada que ver con ello, aunque mi ensayo, junto con todos los hombres que corporeizaron la idea, aparentemente lo inspiró. Tengo mis dudas acerca del uso de esta palabra y yo misma no la utilizo demasiado; me parece que va demasiado en la idea de que los hombres son así inherentemente, más que en la idea de que algunos hombres explican cosas que no deberían y no escuchan cosas que debiesen. Si no ha quedado claro hasta ahora, me encanta cuando la gente me explica cosas que saben y en las que yo estoy interesada pero aún no sé; es cuando me explican cosas que sé y ellos no cuando la conversación se tuerce. En 2012, el término *mansplained* —una de las palabras del

---

[1] Este término surge de la contracción en inglés de la palabra *man* (hombre) y del verbo *to explain* (explicar). Según la definición del Diccionario Oxford: «Dícese de la actitud (de un hombre) que explica (algo) a alguien, normalmente a una mujer, de un modo considerado, condescendiente o paternalista»; recoge la idea de una acción en la que se obvia los conocimientos, inteligencia y la familiaridad que la mujer posea respecto a ese asunto, infantilizando a la interlocutora. Desde su creación ha sido muy popular al considerarse un término necesario para definir un concepto antiguo y una experiencia frecuente. He decidido dejarlo en inglés porque es un término difícil de crear en castellano. (*N. de la T.*)

año del *New York Times*— se utilizaba en las principales publicaciones políticas. Por desgracia, si esto sucedió así fue porque encajaba perfectamente con los sucesos de su tiempo. TomDispatch reeditó *Men Explain Things* en agosto de 2012, y fortuitamente, y más o menos simultáneamente, el congresista Todd Akin (de los republicanos de Misuri) lanzó su infame declaración de que no necesitamos que las mujeres violadas puedan abortar porque «si es una violación legítima, el cuerpo femenino tiene maneras de evitarlo». La temporada electoral estuvo sazonada por las locas afirmaciones en defensa de la violación y las totalmente absurdas declaraciones de hombres conservadores. Y también estuvo aderezada con feministas que mostraban por qué el feminismo es necesario y por qué estos tipos dan miedo. Fue bonito ser una de las voces de estas conversaciones; el artículo que había escrito tuvo un gran resurgimiento.

Fibras sensibles, nervios: en el momento de escribir estas líneas sus efectos aún están vivos. El objetivo del ensayo nunca fue decir que creo estar notablemente oprimida, sino el hecho de que este tipo de conversaciones son la cuña que abre el espacio a los hombres y a la vez lo limita a las mujeres; limita el espacio para hablar, para ser escuchadas, para tener derechos, para participar, para ser respetadas, para ser seres humanos libres y completos. Estas conversaciones son una de las maneras en las que, en una conversación educada, se expresa el poder —el mismo poder que existe en los discursos políticamente incorrectos o en los actos de intimidación y violencia física y, muy a menudo, en la misma manera en la que se organiza el mundo—, y que silencia, borra y aniquila a las mujeres como iguales, como participantes, como seres humanos con derechos, y demasiado a menudo como seres vivos.

La batalla de las mujeres por ser tratadas como seres humanos con derecho a la vida, a la libertad y en su búsqueda de participación en la arena política y cultural continúa, y algunas veces es una batalla bastante desalentadora. Me sorprendí a mí misma cuando me di cuenta de que al escribir este ensayo comencé hablando de un incidente gracioso y acabé hablando de violación y asesinato. Esto me ayudó a ver de forma más nítida el hilo conductor que liga las pequeñas miserias sociales con el silenciamiento violento y las muertes violentas. Creo que comprenderíamos mejor el alcance de la misoginia y la violencia contra las mujeres si tomásemos el abuso de poder como un todo y dejásemos de tratar la violencia doméstica aislada de la violación, el asesinato, el acoso y la intimidación en las redes, en casa, en el lugar de trabajo y en las aulas; si se toma todo en conjunto, el patrón se ve claramente.

Tener derecho a mostrarse y a hablar es básico para la supervivencia, la dignidad y la libertad. Estoy agradecida de que, tras un momento temprano de mi vida en el que fui silenciada, haya podido desarrollar una voz, circunstancias que me unirán para siempre a los derechos de aquellos que no la tienen, que son silenciados.

CAPÍTULO 2

LA GUERRA
MÁS LARGA

Aquí, en los Estados Unidos, donde cada 6,2 minutos se denuncia una violación, y una de cada cinco mujeres será violada a lo largo de su vida, la espantosa violación y asesinato de una mujer joven en un autobús en Nueva Delhi, el 6 de diciembre de 2012, se retrató como algo totalmente excepcional, fuera de lo común. La historia de la agresión sexual de miembros de un equipo de fútbol a una adolescente inconsciente en el Instituto Steubenville en Ohio aún era reciente, y las violaciones en grupo tampoco son inusuales aquí. Elige el ejemplo que prefieras: no hacía tanto que algunos de los veinte hombres que violaron en grupo a una niña de once años en Cleveland, Texas, habían sido condenados, mientras que el instigador de la violación en grupo de una chica de dieciséis años en Richmond, California, también había sido condenado ese mismo otoño de 2012; otros cuatro hombres que violaron en grupo a una chica de quince años, cerca de Nueva Orleans, habían sido condenados en abril de aquel año, aunque los seis hombres que violaron en grupo, ese mismo año, a una chica de catorce años en Chicago aún estaban fugados. No me he puesto a investigar en busca de estos sucesos; están en todos los telediarios, pero nadie los pone unos al lado de otros y señala que puede que, tal vez, exista una pauta.

Y, sin embargo, hay un claro patrón en la violencia contra las mujeres; un patrón de profundas y extensas raíces que es incesante y terriblemente obviado. Eventualmente, si un caso está relacionado con algún personaje famoso, o el mismo posee algún detalle particularmente escabroso, entonces recibe gran cobertura en los medios de información, pero este tipo de casos se ven y son tratados como anomalías, mientras que la abundancia de noticias secundarias sobre nuevos casos de violencia contra las mujeres en este país, en otros, en todos y cada uno de los continentes, incluido el antártico, constituyen una especie de telón de fondo sobre el que se proyectan el resto de las noticias.

Si se prefiere hablar de violaciones perpetradas en autobuses en lugar de violaciones en grupo, tenemos la violación de una mujer con un trastorno de desarrollo, ese mismo mes de noviembre, en un autobús en Los Ángeles, o el secuestro de una chica autista de dieciséis años en la red regional de trenes en Oakland, California —la chica fue repetidamente violada por su secuestrador durante dos días durante este invierno— o también tenemos la reciente violación en grupo de varias mujeres en un autobús de la Ciudad de México. Mientras que escribía esto, leí que otra mujer, pasajera de un autobús, había sido secuestrada en la India y violada en grupo durante toda la noche por el conductor del autobús y cinco amigos suyos, quienes debían de pensar que lo que había pasado en Nueva Delhi había sido algo increíble.

Tenemos una cantidad impresionante de violaciones y violencia contra las mujeres en este país, y en este mundo, y es algo que nunca se trata como un problema de derechos humanos, o como una crisis, o ni siquiera se considera que haya un patrón. La violencia no tiene raza, clase, religión o nacionalidad, pero tiene género.

Quiero recalcar algo llegados a este punto: aunque virtualmente todos los perpetradores de este tipo de crímenes son hombres, esto no quiere decir que todos los hombres sean violentos. La mayor parte no lo son. Además, los hombres obviamente también sufren violencia, la mayor parte de esta a manos de otros hombres y, cada muerte violenta, cada agresión es algo terrible. Las mujeres pueden, y lo hacen, cometer actos de violencia contra su pareja, pero estudios recientes demuestran que estos hechos normalmente no acaban con heridas significativas, y menos con la muerte de la otra persona; por otra parte, las muertes de hombres a manos de sus parejas suelen producirse en defensa propia, y la violencia por parte de un compañero íntimo envía a un gran número de mujeres al hospital y a la tumba. Pero el meollo de este conflicto es la pandemia de violencia que los hombres ejercen contra las mujeres, tanto violencia ejercida en la intimidad como la ejercida por extraños.

De qué no hablamos cuando no hablamos de género

Hay mucho de esto. Podríamos hablar de la agresión y violación de una mujer de sesenta y tres años de edad en Central Park, Manhattan, en septiembre de 2012, o la reciente violación de una niña de cuatro años y una anciana de ochenta y tres en Luisiana, o del policía de Nueva York que fue arrestado en octubre de 2012 por lo que parecía un plan serio para secuestrar, violar, cocinar y comerse a una mujer, cualquier mujer, porque su odio no era personal. Aunque puede que sí que lo fuese para el hombre de San Diego que asesinó y cocinó a su mujer, y para ese otro hombre de Nueva Orleans que, en 2005, asesinó, desmembró y cocinó a su novia.

Todos estos son crímenes excepcionales, pero también podríamos hablar de agresiones cotidianas, porque aunque en este país se denuncie una violación cada 6,2 minutos, el total estimado es probablemente cinco veces mayor. Lo que quiere decir que puede que se esté dando una violación casi cada minuto en los Estados Unidos. Lo que se suma a las decenas de millones de víctimas de la violación. Una proporción significativa de las mujeres que conoces son supervivientes.

Podríamos hablar de violaciones de atletas en el instituto y en la facultad o de violaciones en los campus estudiantiles, frente a las cuales las autoridades universitarias se han mostrado espantosamente desinteresadas a la hora de dar una respuesta en la mayor parte de los casos, incluyendo el caso de ese instituto en Steubenville, el de la Universidad de Notre Dame, el Amherst College y muchos otros. Podríamos hablar acerca de la pandémica escalada de violaciones, agresiones sexuales y acoso sexual dentro del ejército estadounidense, en el que el secretario de Defensa, Leon Panetta, estimaba que tan solo en 2010 se habían producido diecinueve mil agresiones sexuales entre los soldados, y que la mayor parte de los asaltantes se salieron con la suya y no han sido perseguidos por sus acciones, aunque el general Jeffrey Sinclair, condecorado con cuatro estrellas, fuese imputado en septiembre de ese año por una «cadena de crímenes sexuales contra las mujeres».

Olvidémonos de la violencia en el puesto de trabajo, vayamos a casa. Hay tantos hombres que asesinan a sus parejas y exparejas que tenemos bastante más de mil asesinatos de este tipo anualmente, lo que significa que cada tres años se rebasan las estimaciones más elevadas de muertes en el 11S, sin que nadie le declare la guerra a esta forma específica de terror. Otra forma de decirlo: los más de 11.766 cadáveres de los homicidios causados por la violencia doméstica exceden la cantidad de víctimas mortales de ese día y la de *todos* los soldados estadounidenses muertos en la «guerra contra el terror». Si hablásemos de este tipo de crímenes y de por qué son tan comunes deberíamos hablar y pensar acerca de qué tipos de profundos cambios necesita esta sociedad, esta nación, o casi cada nación del planeta. Si hablásemos acerca de esto, estaríamos hablando sobre masculinidad, o sobre roles masculinos, o tal vez sobre patriarcado, y no se habla a menudo de esto.

En vez de ello, escuchamos hablar de que los hombres estadounidenses cometen asesinatos y seguidamente se suicidan —unos doce a la semana— porque la economía está mal, aunque también lo hacen cuando la economía va bien; o que esos hombres de la India asesinaron a la pasajera del autobús porque los pobres están resentidos contra los ricos, mientras que otras violaciones en la India se explican por el modo en que los ricos explotan a los pobres; y luego están todo ese resto de explicaciones bastante populares: problemas mentales, consumo de drogas y, en el caso de algunos atletas, los golpes recibidos en la cabeza. La última tendencia es la de argumentar que la exposición al plomo fue la causante de mucha de nuestra violencia, aunque ambos géneros están expuestos a lo mismo y uno de ellos comete la mayor parte de los actos de violencia. Siempre hay una razón que explique la pandemia de violencia, pero nunca se señala el género, se dan múltiples razones, pero nunca aquella que muestra el patrón explicativo más general de todos ellos.

Hubo alguien que escribió una reflexión acerca de cómo parece ser que los hombres blancos son los que cometen normalmente los asesinatos en masa en los Estados Unidos y la mayor parte de los comentarios que se lanzaron para responder esta reflexión (en su mayoría hostiles) parece que solo se fijaron en la parte de la raza blanca. Es difícil encontrar a alguien que diga lo que dice este estudio médico, incluso de la manera más aséptica posible: «Ser hombre ha sido identificado, en varios estudios, como un factor de riesgo para el comportamiento criminal violento, igual que la exposición al tabaco antes del nacimiento, tener progenitores antisociales y el pertenecer a una familia pobre».

No es que quiera cebarme con los hombres. Solo creo que si nos damos cuenta de que las mujeres son, en conjunto, radicalmente menos violentas, tal vez seamos capaces de teorizar acerca de la procedencia de la violencia y sobre qué podemos hacer al respecto de una manera más efectiva. Claramente, el fácil acceso a las armas es un gran problema en los Estados Unidos, pero pese a que estas son bastante accesibles a todo el mundo, el asesinato es un crimen cometido el 90 por ciento de las veces por hombres.

La pauta es cristalina como el agua. Podríamos hablar de este como un problema global, teniendo en cuenta la epidemia de asaltos, agresiones y violaciones de mujeres producidas en el interior de la plaza Tahrir, en El Cairo, que ha arrebatado la libertad que proclamaron durante la Primavera Árabe —y que ha llevado a que algunos de los hombres de la plaza formasen equipos de defensa para contrarrestarla—; o la persecución en la India, tanto pública como privada, que va del acoso sexual callejero a la quema de esposas, o a los «crímenes de honor» en el sur de Asia o en Oriente Próximo; o la manera en la que Sudáfrica se ha convertido en la capital de la violación, donde se estima que hubo seiscientas mil violaciones el año pasado; o cómo la violación ha sido utilizada como táctica y «arma» de guerra en Mali, Sudán y el Congo, de la misma manera que lo fue en la antigua Yugoslavia; o la persistencia de la violación y las agresiones sexuales en México y el feminicidio en Juárez; o la denegación de derechos básicos a las mujeres en Arabia Saudí y los miles de agresiones sexuales que sufren allí las trabajadoras domésticas inmigrantes; o la manera en la que el caso de Dominique Strauss-Kahn en los Estados Unidos reveló la impunidad de la que tanto él como otros disfrutaban en Francia; y es solo por falta de espacio que no hablo de Inglaterra y Canadá e Italia (cuyo ex primer ministro es conocido por sus orgías con menores de edad), Argentina, Australia y tantos otros países.

¿Quién tiene derecho a matarte?

Puede que las estadísticas nos agoten, así que hablemos solo de un único incidente que tuvo lugar en mi ciudad mientras investigaba para este ensayo en enero de 2013, uno de los muchos incidentes locales que salieron en los periódicos locales y que describían asaltos de hombres a mujeres:

> Una mujer fue acuchillada después de que rechazara las proposiciones sexuales que un hombre le lanzaba mientras que la mujer caminaba por el vecindario de Tenderloin en San Francisco, la noche del lunes, informó hoy un portavoz de la policía. La víctima, de treinta y tres años de edad, caminaba por la calle cuando se le acercó un extraño y le hizo proposiciones, declaró el oficial Albie Esparza. Cuando la mujer le rechazó, el hombre se enfadó, le cortó la cara y la apuñaló en el brazo, relató Esparza.

El hombre, en otras palabras, se planteaba la situación como una en la que la víctima elegida no tenía derechos ni libertades, mientras que él tenía el derecho de controlarla y castigarla. Esto debería recordarnos que la violencia es, sobre todo, autoritaria. Comienza con esta premisa: tengo derecho a controlarte.

El asesinato es la versión extrema de este autoritarismo, la versión en la que el asesino asevera su derecho a decidir si vives o mueres, el medio definitivo de controlar a alguien. Esto puede suceder aunque seas obediente, porque el deseo de control surge de una rabia que la obediencia no puede aplacar. Sean cuales sean los miedos, sea el que sea el sentimiento de vulnerabilidad que pueda subyacer bajo este comportamiento, también surge del derecho a infligir sufrimiento e incluso la muerte a otras personas. Engendra miseria en el perpetrador y en las víctimas. En referencia al anterior incidente ocurrido en mi ciudad, cosas como esa suceden todo el rato. Diferentes versiones del mismo hecho también me sucedieron a mí cuando era más joven, algunas veces venían acompañadas de amenazas de muerte y a menudo iban acompañadas de un torrente de obscenidades: un hombre aproximándose a una mujer tanto con deseo como con la furiosa expectativa de que probablemente ese deseo será rechazado. La furia y el deseo vienen en un paquete, entremezclados y revueltos en algo que siempre amenaza con transformar el *eros* en *thanatos*, amor en muerte, algunas veces literalmente.

Es un sistema de control. Es la razón por la cual tantos de los asesinatos de pareja los sufren mujeres que se atrevieron a romper con esas parejas. Por eso aprisiona a muchas mujeres, y aunque se pueda aducir que el atacante de Tenderloin del 7 de enero, o el brutal ataque de un violador en potencia cerca de mi propio vecindario el 5 del mismo mes, o el caso de otro violador el 12 de enero en este mismo barrio, o el tipo de San Francisco que el día 6 también en enero le prendió fuego a su novia porque se negó a hacerle la colada, o el hombre que acaba de recibir una sentencia de 370 años de prisión por una serie de violaciones especialmente violentas a finales de 2011 en San Francisco eran tipos marginales, los tíos ricos, famosos y privilegiados también lo hacen.

El vicecónsul japonés en San Francisco ha sido acusado de veinte delitos graves de maltrato conyugal y ataque con arma letal en septiembre de 2012; el mismo mes, en la misma ciudad, la exnovia de Mason Mayer (hermano de la primera ejecutiva de Yahoo, Marissa Mayer) declaraba frente al juez: «Me arrancó los pendientes, me desgarró las pestañas, mientras me escupía en la cara y me decía lo despreciable que soy… Estaba tirada en el suelo en posición fetal, y cuando intenté moverme me aplastó apoyándose con las rodillas sobre mi costado para mantenerme así y me abofeteó». Según la reportera Vivian Ho, del *San Francisco Chronicle*, la mujer también testificó que «Mayer golpeó la cabeza de la mujer repetidas veces contra el suelo y le arrancó mechones de cabello, diciéndole que de la única manera que ella podría dejar viva el apartamento sería si él la condujese hasta el Golden Gate Bridge "desde donde puedes saltar o te empujaré yo"». A Mayer se le concedió la libertad provisional.

El verano anterior un marido separado violó la orden de alejamiento que tenía su esposa contra él y le disparó —asesinando o hiriendo a otras seis mujeres— en el lugar de trabajo de esta en un suburbio de Milwaukee, pero como solo hubo cuatro cadáveres, el crimen fue ampliamente ignorado por los medios de masas en un año en el que ha habido tantas matanzas espectaculares en este país. Y aún no hemos hablado del hecho de que en sesenta y dos tiroteos masivos en los Estados Unidos, durante tres décadas, solo uno lo realizó una mujer, más que nada porque cuando se habla de *pistoleros solitarios*, todo el mundo se fija en la parte de solitarios, pero no en el género de los pistoleros; y, para que quede claro, cerca de dos tercios de todas las mujeres muertas por armas de fuego son asesinadas por sus parejas o exparejas.

¿Qué tiene el amor que ver en todo esto? Se preguntaba Tina Turner, cuyo exmarido declaró una vez: «Sí, claro, le pegué, pero no le pegaba más de lo que cualquier tío normal pega a su mujer». Cada nueve segundos una mujer es agredida físicamente en este país. Solo para que quede claro: no cada nueve minutos, sino cada nueve segundos. Es la principal causa de lesión en las mujeres norteamericanas; de los dos millones anuales de mujeres agredidas físicamente, más de medio millón de estas heridas requieren atención médica, mientras que unas 145.000 requerirán al menos una noche de hospitalización según datos del Centro para el Control de Enfermedades, y no quieras saber cuántos dentistas se necesitan después de eso. Los maridos son, también, la principal causa de muerte entre las mujeres embarazadas en los Estados Unidos.

«Las mujeres entre los quince y los cuarenta y cuatro años tienen más posibilidades de morir o de ser lesionadas o desfiguradas debido a la violencia masculina que debido al cáncer, la malaria y los accidentes de tráfico juntos», escribe Nicholas D. Kristof, una de las pocas figuras importantes que habitualmente habla de este tema.

El abismo entre nuestros mundos

La violación y otros actos de violencia, incluso el asesinato, así como las amenazas de violencia, constituyen un dique que algunos hombres construyen en sus intentos de controlar a algunas mujeres, y este miedo a la violencia limita a la mayor parte de las mujeres de tal manera que muchas de ellas se han acostumbrado tanto que apenas se dan cuenta de ello, y nosotros difícilmente lo identificamos. Hay excepciones: el verano pasado una persona me escribió para describirme una clase de universidad en la que se les preguntó a los estudiantes qué medidas tomaban ellos para protegerse frente a las violaciones. Las jóvenes describieron las intrincadas maneras en las que se mantenían alerta, limitaban su acceso al mundo, tomaban precauciones y básicamente tenían siempre presente la violación (mientras que los chavales de la clase, relataba el que escribió la carta, se quedaron mudos de la sorpresa). El abismo entre sus mundos se había vuelto breve y repentinamente visible.

Sin embargo, casi nunca hablamos de ello, aunque últimamente ha circulado un archivo por Internet llamado *Ten Top Tips to End Rape*, el tipo de cosas que las mujeres conocen de sobra, aunque este incluía un giro subversivo. Daba consejos como este: «¡Lleva un silbato! Si estás preocupado por si agredes a alguien "sin querer" puedes darle el silbato a la persona que te acompaña, y así podrán pedir ayuda». Aunque divertido, el escrito señala algo terrible: que las habituales líneas de actuación en este tipo de situaciones arrojan toda la carga de la prevención en las víctimas potenciales, ya que tratan la violencia como algo innato. No existe razón alguna que sea buena (y sí muchas malas) por la que las universidades empleen más tiempo en decirle a las mujeres qué han de hacer para sobrevivir a los depredadores que en decirle a la otra mitad de sus estudiantes que no sean predadores.

Las amenazas de agresión sexual se han convertido en algo habitual en Internet. A finales de 2011 la columnista Laurie Penny escribía:

Parece que en Internet el equivalente a una minifalda es una opinión. Tener una y mostrarla parece ser una manera de invitar a que una amorfa masa de violentos tecleadores —en su mayor parte hombres— te describan cómo les gustaría violarte, asesinarte y mearte encima. Esta semana, tras una retahíla especialmente desagradable de amenazas, decidí publicar en Twitter unos cuantos de esos mensajes, y la respuesta que recibí fue abrumadora. Muchas de las personas no podían creer el trato que estaba recibiendo, y muchas otras compartieron sus propias historias de acoso, intimidación y abuso.

Las mujeres de la comunidad de jugadores en red han sido acosadas, amenazadas y expulsadas. Anita Sarkeesian, feminista crítica de medios de comunicación que documentó este tipo de incidentes, recibió apoyo por su trabajo, pero también, en palabras de otro periodista, «otra oleada de amenazas realmente agresivas, ¿sabes?, de esas amenazas personales y violentas, intentos de piratearle la cuenta de correo... y un hombre en Ontario fue más allá y diseñó un juego en red en el que podías golpear en la pantalla la imagen de Anita. Si la golpeabas repetidas veces, aparecían moratones y heridas en la imagen». La diferencia entre estos jugadores en red y los talibanes, que el octubre pasado intentaron asesinar a Malala Yousafzai, de catorce años, por hablar a favor del derecho de las mujeres de Pakistán a recibir educación, es solo de un grado. Ambos tipos de violencia intentan callar y castigar a las mujeres por exigir tener voz, poder y el derecho a participar. Bienvenidos a *Machistán*.

El partido para la protección de los derechos de los violadores

Esto no es solo algo público, privado o que se dé en la red. Está embebido en nuestro sistema político y en nuestro sistema legal, el mismo que antes de que las feministas luchasen por nosotras no reconocía ni penalizaba la mayor parte de la violencia doméstica, o el acoso sexual y acecho sexual, o la violación durante una cita, o la violación por parte de conocidos, o la violación marital, y el mismo sistema que aún cuestiona en casos de violación a la víctima en lugar de al violador, ya que parece ser que solo las auténticas doncellas pueden ser asaltadas o creídas.

Como pudimos ver durante la campaña para las elecciones de 2012, es algo que está totalmente incrustado en las mentes y las bocas de nuestros políticos. Recordemos el aluvión de exabruptos proviolación lanzados por miembros del Partido Republicano durante el pasado verano y otoño, comenzando por la famosa afirmación de Todd Akin acerca de que la mujer tiene medios físicos para evitar el embarazo en caso de violación; una afirmación que hizo con la intención de negarle a las mujeres el control sobre sus propios cuerpos (en la forma de acceso al aborto tras una violación). Después de eso, naturalmente, el candidato al Senado Richard Mourdock afirmó que los embarazos a causa de violaciones eran «un regalo de Dios», y al poco de estas afirmaciones otro político republicano abrió la boca para defender el comentario de Akin.

Felizmente los cinco republicanos claramente proviolación perdieron sus puestos durante la campaña de 2012 (Stephen Colbert intentó advertirles que las mujeres habían logrado el derecho al voto en 1920). Pero no es solo una cuestión de cuánta basura lanzaron (y el precio que pagan ahora). Los congresistas republicanos rechazaron prorrogar la Ley de Violencia contra las Mujeres porque estaban en contra de que se ampliase la protección que dicha ley daba a las inmigrantes, mujeres transgénero y mujeres nativas americanas. (Hablando de epidemias, una de cada tres nativas americanas será violada y el 88 por ciento de las violaciones ocurridas en las reservas son cometidas por hombres no nativos que saben que las autoridades tribales no pueden perseguirlos legalmente. Así que en cuanto a lo de que la violación es un crimen pasional..., estos crímenes son calculados y oportunistas).

Están preparados y deseosos de limitar los derechos reproductivos de las mujeres —lo que incluye tanto el control de natalidad como el aborto—, como ya han hecho bastante efectivamente en muchos estados durante la última década. El término «derechos reproductivos» se refiere, por supuesto, al derecho de las mujeres a tener control sobre sus propios cuerpos. ¿No he mencionado que la violencia contra las mujeres es un tema de control?

Pese a que las violaciones a menudo se investigan descuidadamente —existe una cantidad de trabajo acumulado de unas cuatrocientas mil pruebas de violación sin examinar—, los violadores que dejan embarazadas a sus víctimas tienen derechos parentales en treinta y un estados. ¡Ah!, y el anterior candidato a la vicepresidencia y actualmente congresista, Paul Ryan (de los republicanos de Machistán), ha vuelto a presentar una enmienda que permitiría a los estados prohibir los abortos e incluso podría llegar a permitir que un violador llevase a juicio a su víctima por abortar.

Todas las cosas a las que no se puede culpar

Por supuesto que las mujeres son capaces de todo tipo de cosas desagradables, y que también las mujeres cometen delitos violentos, pero la denominada guerra de los sexos está extraordinariamente desequilibrada al hablar de violencia propiamente dicha. Al contrario que el último dirigente (hombre) del Fondo Monetario Internacional, la actual (mujer) no parece que vaya a agredir a un empleado de un hotel de lujo; las oficiales de alta graduación del Ejército de los Estados Unidos, al contrario que sus homólogos masculinos, no son acusadas de ninguna agresión sexual; y las jóvenes atletas mujeres no son muy susceptibles de orinar encima de chicos inconscientes como sí que lo han hecho los jugadores masculinos de Steubenville, y menos aún de violarles y después vanagloriarse de ello en YouTube y Twitter.

No hay pasajeras de autobús en la India que se hayan juntado para agredir sexualmente a un hombre, y además tan violentamente como para que este muera debido a las heridas; no hay depredadores grupos de mujeres aterrorizando a hombres en la plaza Tahrir del Cairo, y no existe un equivalente materno a ese 11 por ciento de violaciones cometidas por padres o padrastros. De las personas en prisión en los Estados Unidos, el 93,5 por ciento no son mujeres, y aunque, para empezar, una gran parte de los presos no deberían estar allí, algunos de ellos sí que deberían a causa de la violencia ejercida, hasta que encontremos una mejor manera de lidiar con esta, y con ellos.

Ninguna famosa estrella del pop femenina le ha volado la cabeza a un hombre joven al que se llevó a casa, como hizo Phil Spector, que ahora forma parte de ese 93,5 por ciento por asesinar a tiros a Lana Clarkson, aparentemente porque rechazó sus proposiciones. Ninguna estrella del cine de acción ha sido acusada de violencia doméstica, porque Angelina Jolie no está haciendo lo que hicieron Mel Gibson y Steve McQueen, y no hay ninguna conocida directora de cine que le haya dado drogas a una niña de trece años antes de abusar sexualmente de ella mientras la niña le decía que no, como hizo Roman Polansky.

En memoria de Jyoti Singh

¿Cuál es el problema con la hombría? Hay algo acerca de cómo se visualiza la masculinidad, en cómo es loada y promovida, en la manera en que se transmite esta a los niños que necesita ser identificada. Hay hombres encantadores y maravillosos ahí fuera, y una de las cosas que brinda esperanza en este asalto en la guerra en curso contra las mujeres es el haber visto a muchos hombres que lo entienden, que piensan que también es su problema, que están a nuestro lado y con nosotras, en el día a día, en la red y en las marchas de este invierno de Nueva Delhi a San Francisco.

Cada vez más hombres se transforman en buenos aliados, y siempre ha habido aliados entre ellos. La amabilidad y la dulzura nunca han tenido género, como tampoco lo ha tenido nunca la empatía. Las estadísticas que reflejan la violencia doméstica han disminuido considerablemente en las últimas décadas (aunque aún son abrumadoramente altas) y hay muchos hombres trabajando para diseñar nuevas ideas e ideales sobre la masculinidad y el poder.

Los gais también han redefinido y debilitado ocasionalmente la masculinidad convencional —públicamente durante muchas décadas— y han resultado ser a menudo grandes aliados para las mujeres. La liberación de las mujeres se ha presentado muchas veces como el intento de un movimiento de invadir o arrancar los privilegios y el poder de los hombres, como si se tratase de un deprimente juego de suma cero, en el que en cada partida solo un género puede ser libre y poderoso. Pero somos libres juntos o somos esclavos juntos. Ciertamente debe de ser terrible, y difícilmente les hará libres, la mentalidad de aquellos que piensan que necesitan ganar, dominar y castigar, y si abandonasen esta búsqueda inalcanzable sería liberador.

Hay otras cosas sobre las que preferiría escribir, pero este tema afecta a todo lo demás. Las vidas de media humanidad son acosadas, consumidas y algunas veces segadas por esta persistente variedad de violencia. Pensemos de cuánto tiempo y energía dispondríamos para dedicarnos a otras cosas que importan si no estuviésemos tan ocupadas sobreviviendo. Mirémoslo de esta manera: una de las mejores periodistas que conozco tiene miedo de caminar de noche hacia su casa por nuestro barrio. ¿Debería dejar de trabajar hasta tarde? ¿Cuántas mujeres han tenido que dejar de hacer su trabajo o se han visto obligadas a dejarlo por razones similares? Es obvio en estos momentos que el acoso que se produce en la red evita que muchas mujeres denuncien y escriban.

Uno de los nuevos movimientos políticos más interesantes del planeta es el movimiento por los derechos de los indígenas nativos canadienses, de trasfondo ecologista y feminista, llamado Idle No More. El 27 de diciembre, poco después de que surgiese el movimiento, una mujer nativa fue secuestrada, violada, le dieron una paliza y la dieron por muerta en Thunder Bay, Ontario, por hombres cuyos comentarios dejaban claro que el crimen suponía una represalia contra Idle No More. Tras ello, la mujer caminó bajo el implacable frío durante horas y sobrevivió para contar su historia. A sus atacantes, que han amenazado con hacerlo de nuevo, aún se les busca.

La violación y el asesinato en Nueva Delhi de Jyoti Singh, la mujer de veintitrés años que estaba estudiando fisioterapia para poder medrar ella misma mientras que ayudaba a otros, y la agresión a su compañero masculino (que sobrevivió) parecen haber desencadenado la reacción que habíamos necesitado desde hace cien años, o mil o cinco mil años. Tal vez ella sea para las mujeres —y los hombres— de todo el mundo lo que supuso Emmett Till, asesinado por supremacistas blancos en 1955, para los afroamericanos y el, en aquel momento, emergente movimiento de derechos civiles en los Estados Unidos.

Tenemos más de ochenta y siete mil violaciones en este país cada año, pero cada una de ellas, invariablemente, se presenta como un incidente aislado. Los puntos del dibujo están situados unos tan cerca de otros que son salpicaduras que se funden en una mancha, pero casi nadie conecta uno con otro, o le pone nombre a la mancha. En la India lo hicieron. Dijeron que este es un problema de derechos civiles, es un asunto de derechos humanos, es el problema de todo el mundo, no es un hecho aislado y no volverá a ser aceptable nunca. Tiene que cambiar. Es tu trabajo el cambiarlo, y el mío, y el de todos.

CAPÍTULO 3

MUNDOS QUE COLISIONAN EN UNA *SUITE* DE LUJO

Algunas reflexiones acerca del FMI, la injusticia global y un extraño en un tren

¿Cómo puedo contar una historia que todos conocemos ya demasiado bien? El nombre de ella era África. El de él, Francia. Él la colonizó, la explotó, la silenció e incluso décadas después, cuando se suponía que todo eso había acabado, aún decidió actuar arrogantemente y solucionar aquellos asuntos que le competían a ella en lugares como Costa de Marfil, nombre que no era el suyo propio, sino uno que otros le habían dado nombrándola por los productos que ella exportaba y no en honor a su propia identidad.

Su nombre era Asia. El de él, Europa. Su nombre era silencio, el de él era poder. Su nombre era pobreza. El nombre de él, riqueza. El nombre de ella era De Ella, pero ¿qué era suyo? El nombre de él era Suyo, y presuponía que todo era suyo, incluida ella, y él pensó que podría tomarla sin preguntar y sin consecuencias. Esta era una historia muy vieja, aunque sus consecuencias hubiesen ido cambiando ligeramente en las últimas décadas. Sin embargo, esta vez las consecuencias están tambaleando muchos de los cimientos existentes, todos ellos claramente necesitados de una sacudida.

¿Quién escribiría una fábula tan obvia, tan arrogante como la historia que acabamos de leer? El increíblemente poderoso representante y dirigente del Fondo Monetario Internacional (la organización global que ha creado pobreza e injusticia económica masiva) supuestamente agredió a una limpiadora de hotel, una inmigrante de África, en una lujosa *suite* de un hotel de Nueva York.

Mundos que colisionan. En una época anterior su palabra no hubiese tenido valor alguno contra la de él, y puede que ella ni siquiera hubiese presentado cargos, o que la policía no hubiese creído ni investigado los hechos ni hubiese sacado a Dominique Strauss-Kahn de un avión rumbo a París justo en el último momento. Pero ella lo hizo, y la policía también; ahora él está detenido y la economía europea se ha llevado un duro revés; los políticos franceses se han visto duramente expuestos y la nación se tambalea y hace examen de conciencia.

   ¿En qué estaban pensando aquellos hombres que decidieron darle a él esta posición tan particular de poder, pese a todas las historias y evidencias ya existentes anteriormente sobre este tipo de brutalidades? ¿En qué estaba pensando él cuando decidió que saldría indemne de ello? ¿Pensó que estaba en Francia, donde al parecer ya se había librado antes? No ha sido hasta ahora que una mujer joven, que afirma que él la agredió en 2002, se ha decidido a presentar cargos. Anteriormente la propia madre de la joven, política también, la convenció de que no lo hiciese; a la joven le preocupaba el impacto que la denuncia podría haber tenido en su carrera como periodista, mientras que al parecer su madre estaba más preocupada por el impacto que tendría en la carrera de él.

   Y ahora *The Guardian* informa de que estas historias «añaden peso a las afirmaciones de Piroska Nagy, una economista nacida en Hungría, a la que el director del Fondo sometió a un acoso continuado mientras ella trabajaba en el FMI y que la dejó con la sensación de que no tenía muchas más opciones que acostarse con él durante el Foro Económico Mundial de Davos en enero de 2008. Ella alegó que él la llamaba y le enviaba correos electrónicos persistentemente con el pretexto de hacerle preguntas acerca de [su especialidad] la economía de Ghana, pero que después utilizaba lenguaje sexual y le hacía proposiciones».

   En algunos de los relatos, la mujer de cuyo asalto se acusa a Strauss-Kahn en Nueva York es de Ghana, en otros es una musulmana de algún lugar cercano a Guinea. «Ghana: Prisionera del FMI», decía un titular en 2001 de la apacible BBC. Su reportaje documentaba la manera en la que las políticas del FMI habían destruido la seguridad alimentaria de este país productor de arroz abriendo su mercado al barato arroz estadounidense, lo que hundió s la mayor parte del país en la más extrema pobreza. Todo fue transformado en una mercancía por la que había que pagar, desde utilizar el cuarto de baño hasta coger un cubo de agua, y muchos no podían pagar. Tal vez hubiese sido demasiado perfecto si ella hubiese sido una refugiada de las políticas del FMI en Ghana. Guinea, por otra parte, se había liberado ella misma de la gestión por parte del FMI gracias al descubrimiento de grandes reservas de petróleo, pero continúa siendo un país que sufre una severa corrupción y una enorme disparidad económica.

Los proxenetas del norte global

Hay un axioma evolutivo que les suele gustar a los biólogos: «La ontogenia recapitula la filogenia», o el desarrollo del individuo embrionario repite lo evolutivo de su especie. ¿La ontogenia de esta presunta agresión es un eco de la filogenia del Fondo Monetario Internacional? Después de todo, la organización fue fundada a finales de la Segunda Guerra Mundial como parte de la notoria conferencia de Bretton Woods, que acabaría imponiendo las visiones económicas estadounidenses al resto del mundo.

Se suponía que el FMI debía ser una institución de préstamo dedicada a ayudar al desarrollo de los países, pero ya en los años ochenta se había convertido en una organización con una ideología clara: el fundamentalismo de libre comercio y libre mercado. Utilizó los créditos que concedía para adquirir un inmenso poder sobre las economías y políticas de las naciones del sur global.

De todas maneras, si el FMI fue ganando poder según avanzaban los años noventa, también empezó a perder parte de este en el siglo XXI, gracias a la efectiva resistencia popular contra las políticas económicas que representaba y al colapso económico que produjeron dichas políticas. Strauss-Kahn fue elegido para rescatar los restos de una organización que en 2008 tuvo que vender sus reservas de oro y reinventar su misión.

Su nombre era África. El de él, FMI. Él la engañó para que fuese saqueada, le arrebató los servicios sanitarios, hasta morir de hambre. Él la asoló para que sus amigos pudieran enriquecerse. El nombre de ella era Sur Global. El de él, Consenso de Washington.

No obstante, la buena racha de este llegaba a su fin y la buena estrella de ella comenzaba a brillar.

Fue el FMI el que creó las condiciones económicas que destruyeron la economía argentina en 2001, y fue la revuelta contra el FMI (además de contra otras fuerzas neoliberales) la que provocó el renacimiento de Latinoamérica de la última década. Independientemente de lo que se piense de Hugo Chávez, fueron los préstamos que le hizo Venezuela a Argentina, provenientes de los beneficios del petróleo, los que permitieron que esta pagase las deudas que tenía con el FMI de manera anticipada y poder así implementar sus propias, y más sensatas, políticas económicas.

El FMI era una fuerza predadora, que abría los países en vías de desarrollo a las agresiones económicas del enriquecido norte y de las poderosas corporaciones transnacionales. Era un proxeneta. Puede que aún lo sea. Pero desde que las manifestaciones anticorporativas de Seattle de 1999 dieron el pistoletazo de salida a los movimientos globales, ha habido una revuelta contra el FMI, y las fuerzas que se oponen a las grandes corporaciones han triunfado en Latinoamérica, alterando el marco de trabajo de los próximos debates económicos y enriqueciendo nuestra imaginación en lo relativo a otras economías y otras posibilidades.

A día de hoy el FMI es un desastre, la Organización Mundial del Trabajo no cuenta casi para nada, el NAFTA Tratado de Libre Comercio de América del Norte (NAFTA, en sus siglas en inglés) ha sido casi universalmente repudiado, el Área de Libre Comercio de las Américas cancelado (aunque continúan funcionando acuerdos de libre comercio bilaterales) y gran parte del mundo ha aprendido mucho del curso acelerado sobre políticas económicas recibido en esta década.

Extraños en un tren

El *New York Times* informaba de ello de la siguiente manera: «Mientras que algunos aún están digiriendo el impacto del aprieto en el que se ha visto el señor Strauss-Kahn, otros, incluyendo algunos en los medios de información, empiezan a desvelar relatos, largamente suprimidos o anónimos, de lo que han llamado actitud predadora previa del señor Strauss-Kahn hacia las mujeres y su agresiva búsqueda sexual de estas, desde estudiantes y periodistas a subordinadas».

En otras palabras, Strauss-Kahn creó una atmósfera incómoda y peligrosa para las mujeres, y sería diferente si trabajase, por ejemplo, en una pequeña oficina. Pero que un hombre que controla parte del destino del mundo dedique sus energías a generar miedo, miseria e injusticia alrededor de él dice mucho del mundo en el que vivimos y de los valores de las naciones e instituciones que toleraron su comportamiento y el de otros hombres como él. Los Estados Unidos nunca han ido escasos de escándalos sexuales, y estos hieden al mismo tipo de arrogancia, pero (hasta donde sabemos) al menos los que conocemos fueron consensuados. El dirigente del FMI está acusado de agresión sexual. Si este término te confunde, quítale la palabra «sexual» y centrémonos en «agresión», en violencia, en el rechazo a tratar a alguien como un ser humano, en el rechazo a los derechos humanos más básicos, el derecho a la integridad corporal y a la libre determinación de la persona. Los «derechos del hombre» fue una de las grandes frases de la Revolución francesa, pero siempre ha sido cuestionable el que dicha expresión incluyese los derechos de las mujeres.

Los Estados Unidos tienen cien millones de defectos, pero estoy orgullosa de que la policía creyese a esta mujer y de que ella tenga la posibilidad de ir a juicio. Esta vez estoy satisfecha de no estar en un país que haya decidido que la carrera de un hombre poderoso o el destino de una institución internacional importa más que esta mujer, que sus derechos y su bienestar. Esto es lo que quiere decir democracia: que todo el mundo tiene voz, y que nadie se libra de las consecuencias de sus actos gracias a su riqueza, poder, raza o género.

Dos días antes de que, según se ha dicho, Strauss-Kahn saliese desnudo de ese cuarto de baño, hubo una gran manifestación en Nueva York. El lema era: «Hagamos que Wall Street pague» y en ella veinte mil personas, trabajadores sindicados, radicales, parados y muchas otras personas más se juntaron para protestar contra el asalto económico que está sufriendo este país, y que está provocando sufrimiento y privación a muchos, y el obsceno enriquecimiento de unos pocos. (Fue la última gran protesta en defensa de la justicia económica que tuvo lugar en Nueva York antes del surgimiento del Occupy Wall Street del 17 de septiembre, que tuvo, como mínimo, un impacto mucho mayor).

Fui a la manifestación. En el atestado vagón de metro que nos llevaba de regreso a Brooklyn, a la más joven de mis compañeras de viaje le cogió el culo un hombre de la edad de Strauss-Kahn. Al principio, ella pensó que simplemente se habían chocado. Eso fue antes de sentir cómo le manoseaba el culo, y me dijera algo, como hacen las mujeres jóvenes a menudo, tentativamente, en voz baja, como si tal vez no estuviera sucediendo eso o si tal vez no tuviese que ser del todo un problema. Tras esto, mientras le fulminaba con la mirada le dijo que dejase de tocarla. Me vino a la cabeza un momento años atrás cuando, con diecisiete años y sin un céntimo en el bolsillo, vivía en París y un imbécil me agarró del culo. Tal vez fue mi momento más estadounidense en Francia, que en aquel momento era un país de altivos sobones; y digo «estadounidense» porque llevaba tres pomelos, un preciado tesoro para mí en aquel momento si pensamos en la escasez de mis fondos, y se los arrojé como si fuesen pelotas de béisbol, uno tras otro a aquel asqueroso mientras veía con satisfacción cómo se escabullía en la noche.

Su acción, como gran parte de la violencia sexual contra la mujer, estaba destinada sin duda a ser un recordatorio de que este mundo no era mío, que mis derechos —mi *liberté*, mi *egalité* y mi *sororité*, si se quiere— no importaban. Salvo que yo le hice correr bajo un aluvión de fruta. Y a Dominique Strauss-Kahn le bajaron de un avión para hacerle responder ante la justicia. Sin embargo, el que una amiga mía fuera manoseada de camino a casa después de una marcha por la justicia muestra claramente lo mucho que todavía hay por hacer.

Los pobres mueren de hambre mientras los ricos se tragan sus palabras

Lo que hace tan relevante y sonoro el escándalo sexual que saltó a la luz la semana pasada es la forma en la que el presunto agresor y la víctima son un reflejo de relaciones de mayor envergadura en todo el mundo, comenzando con la agresión del FMI a los pobres. Esa agresión es parte de la gran lucha de clases de nuestra era, en la que los ricos, y sus representantes en los Gobiernos, han tratado de engrandecer sus propiedades a expensas del resto de nosotros. Los países pobres y en desarrollo del mundo fueron los primeros en pagar estas políticas, pero ahora somos el resto de nosotros quienes estamos sufriéndolas, a medida que las políticas y el sufrimiento que estas imponen nos hacen pagar las consecuencias de las medidas económicas de derechas que atacan salvajemente a los sindicatos, los sistemas de educación, el medioambiente y los programas sociales para discapacitados y ancianos, en nombre de la privatización, el libre mercado y los recortes de impuestos.

En una de las apologías más notables de nuestra época, Bill Clinton —quien también tuvo su propio escándalo sexual— dijo ante las Naciones Unidas en el Día Mundial de la Alimentación en octubre de 2008, mientras que la economía mundial se desmoronaba:

Necesitamos que el Banco Mundial, el FMI, todas las grandes fundaciones y todos los Gobiernos admitan que, desde hace 30 años hemos estado metiendo la pata, incluyéndome a mí cuando era presidente. Nos equivocamos al creer que los alimentos eran otro producto para el comercio internacional, y ahora todos nosotros tenemos que regresar a una forma más responsable y sostenible de agricultura.

E insistió aún más duramente el año pasado:

Desde 1981, hasta el año pasado, más o menos, cuando empezamos a replanteárnosla, los Estados Unidos hemos seguido una política por la que los países ricos productores de una gran cantidad de alimentos debíamos vendérselos a los países pobres y liberarles de la carga de producir sus propios alimentos, para que, gracias a Dios, pudiesen saltar directamente a la era industrial. No ha funcionado. Puede que haya sido bueno para algunos de mis agricultores de Arkansas, pero no ha funcionado. Fue un error. Fue un error en el que yo participé. No estoy señalando con el dedo a nadie. Lo hice. Tengo que vivir cada día con las consecuencias de que lo que hice provocó la pérdida de la capacidad de producir una cosecha de arroz en Haití para alimentar a su gente.

Este reconocimiento expresado por Clinton estaba a la altura del que hiciera en 2008 el expresidente de la Reserva Federal, Alan Greenspan, al admitir que las premisas de su política económica estaban equivocadas. Las mencionadas políticas y las del FMI, del Banco Mundial, y las de los fundamentalistas del libre comercio han creado pobreza, sufrimiento, hambre y muerte. Hemos aprendido, al menos la mayoría de nosotros, y el mundo ha cambiado notablemente desde los días en que los que se oponían al fundamentalismo del libre mercado eran etiquetados como «retrógrados analfabetos, sindicatos proteccionistas o *yuppies* en busca de su dosis de los sesenta», en las mortales palabras de Thomas Friedman, que tuvo que comerse posteriormente.

Tras el devastador terremoto de Haití el año pasado ocurrió algo bastante notable: el FMI, bajo la dirección de Strauss-Kahn, intentó utilizar la vulnerabilidad de ese país para obligarle a aceptar nuevos préstamos bajo las habituales condiciones. Los activistas reaccionaron contra un plan que garantizaba el aumento del endeudamiento de un país ya en crisis por el tipo de políticas neoliberales por las que Clinton se había disculpado tardíamente. El FMI se lo pensó dos veces, dio marcha atrás en sus exigencias y accedió a cancelar la deuda existente de Haití con la organización. Fue una victoria extraordinaria para el bien informado activismo.

El poder de los sin poder

Parece como si una camarera de hotel pudiese acabar con la carrera de uno de los hombres más poderosos del mundo o, mejor dicho, que él mismo le hubiese puesto fin por menospreciar los derechos y la humanidad de esa trabajadora. Bastante parecido a lo que le pasó a Meg Whitman, la multimillonaria de eBay que se postuló para gobernadora de California el año pasado. En la carrera electoral se subió al tren de los conservadores atacando a los inmigrantes sin papeles, hasta que se descubrió que ella misma había empleado durante bastante tiempo a una, Nicky Díaz, como ama de llaves.

Cuando, después de nueve años, tener a una inmigrante sin papeles se convirtió en algo políticamente inconveniente, despidió abruptamente a la mujer, afirmando que ella ignoraba que su empleada no tuviera documentos,, y se negó a pagarle su salario final. En otras palabras, Whitman estaba dispuesta a gastar 178 millones de dólares en su campaña, y acabó tirando por la borda su carrera política, en parte, por no pagar 6.210 dólares de los salarios que le debía.

«Sentí que me estaba tirando como si fuera basura», dijo Díaz. La basura tenía una voz; el Sindicato de Enfermeras de California se encargó de amplificarla y California se libró de la dominación de una multimillonaria cuyas políticas habrían maltratado aún más terriblemente a los pobres y empobrecido a la clase media.

Las luchas por lograr justicia para una ama de llaves indocumentada y una camarera de hotel inmigrante son los microcosmos, los modelos a pequeña escala, de la gran guerra mundial de nuestro tiempo. Si la lucha de Nicky Díaz y la batalla contra los préstamos del FMI a Haití del año pasado demuestran algo, es que el resultado de la guerra es aún incierto. Podremos haber ganado algunas escaramuzas, pero la guerra continúa. Todavía queda mucho por saber acerca de lo que sucedió la semana pasada en esa *suite* de hotel en Manhattan, pero lo que sí sabemos es esto: en estos momentos, en nuestro tiempo, se está librando, abiertamente, una auténtica guerra de clases, y la semana pasada un denominado socialista se colocó en el bando equivocado de esta guerra.

Su nombre era Privilegio, pero el de ella era Posibilidad. La de él era la misma historia de siempre, pero la de ella era nueva, y hablaba de la posibilidad de cambiar una historia aún inconclusa, que nos incluye a todos nosotros, que es sumamente importante, y que veremos pero que también la haremos y la relataremos durante las próximas semanas, y durante los meses, años y décadas venideros.

Epílogo

Este ensayo fue escrito como respuesta a los informes iniciales acerca de lo que había sucedido en la habitación del hotel de Dominique Strauss-Kahn en Manhattan. Después de esto, y gracias a una masiva inyección de dinero en poderosos equipos legales, Strauss-Kahn fue capaz de conseguir que la fiscalía de Nueva York retirase los cargos y que se archivase el caso, además de calumniar la reputación de la víctima gracias a las informaciones proporcionadas por sus abogados. Como muchas de las personas muy pobres y que provienen de países en conflicto, Nafissatou Diallo había vivido en los márgenes en los que decirles la verdad a las autoridades no siempre supone un acto inteligente o seguro, por lo que fue reflejada como una mentirosa. En una entrevista en el *Newsweek*, ella habló de las dudas que le habían asaltado acerca de presentar cargos por violación y el miedo que tenía de las consecuencias. Salió del silencio y de las sombras.

Igual que otras mujeres y chicas que han sido violadas, especialmente aquellos casos cuyas historias ponen en peligro el *statu quo*, se puso en duda su persona. Los titulares de la primera página del *New York Post*, el tabloide local propiedad de Rupert Murdoch, afirmaban que se trataba de una prostituta, aunque les resultaba difícil explicar la razón por la cual una prostituta trabajaba también a jornada completa como camarera de pisos, sindicada, en un hotel, por lo que nadie se preocupó de hacerlo. El *Post* se vio obligado a llegar a un acuerdo después de que ella interpusiese una denuncia por difamación.

Algunas personas —principalmente Edward Jay Epstein, del *New York Review of Books*— formularon complicadas teorías para justificar lo que había pasado. ¿Por qué una mujer, que los testigos afirman que estaba muy enfadada, contó que había sido sexualmente agredida?, ¿por qué la supuesta refugiada política había intentado abandonar el país aparentemente en pánico?, y ¿por qué se encontró el semen de él en la ropa de ella además de en otros lugares, lo que confirmaba que había habido un encuentro sexual? Fue una relación consensuada o no consensuada. La explicación más sencilla y más coherente era la de Diallo. Tal y como escribió Christopher Dickey en el *Daily Beast*, Strauss-Kahn «afirma que la relación sexual, de menos de siete minutos de duración, con esta mujer a la que nunca había visto antes fue consensuada. Para creerle, tienes que creerte la historia de que Diallo echó un vistazo a este señor de unos sesenta y pico, a su cuerpo barrigón, desnudo, húmedo, recién salido de la ducha y no dudó en ponerse de rodillas así, sin más».

Tras esto, otras mujeres se atrevieron a testificar sobre agresiones sufridas a manos de Strauss-Kahn, incluida una joven periodista francesa que afirmó que la había intentado violar. Se le implicó en una red de fiestas sexuales cuya interacción con prostitutas violaba la ley francesa: mientras escribo esto se enfrenta a cargos por «proxenetismo agravado», aunque las acusaciones hechas por una trabajadora sexual fueron archivadas.

Al final, lo importante es que una mujer pobre e inmigrante acabó con la carrera de uno de los hombres más poderosos del mundo, o más bien expuso a la luz un comportamiento que debería haber acabado con dicha carrera mucho antes. Como resultado de ello, las mujeres francesas tuvieron que afrontar y replantearse la misoginia de su sociedad. Y la señorita Diallo ganó su caso en un juzgado de lo civil contra el anterior dirigente del FMI, pese a que una parte de las condiciones, de lo que podría haber sido un acuerdo económico sustancioso, fue el silencio. Lo que nos lleva de nuevo al lugar del que partimos.

CAPÍTULO 4

ELOGIO DE LA AMENAZA

Qué significa realmente igualdad en el matrimonio

Durante mucho tiempo, los defensores del matrimonio entre personas del mismo sexo han asegurado que este tipo de uniones no suponen ningún tipo de peligro, contradiciendo a los conservadores, que afirman que estas son una amenaza al matrimonio tradicional. Tal vez los conservadores estén en lo cierto, y tal vez deberíamos estar celebrando que supongan esa amenaza en lugar de negarla. El matrimonio entre dos hombres o dos mujeres no tiene un impacto directo sobre ningún matrimonio entre hombre y mujer. Pero metafísicamente tal vez podría tenerlo.

Para comprender cómo podría tenerlo, deberíamos echarle un vistazo a qué es en realidad el matrimonio tradicional y qué encubren ambos posicionamientos: los defensores de esta unión al negar, o más exactamente al minimizar, la amenaza, y los conservadores al evitar explicar para qué supone una amenaza.

En los últimos tiempos, una buena parte de los estadounidenses han cambiado la incómoda y complicada expresión «matrimonio del mismo sexo» por el término «igualdad matrimonial». El concepto se utiliza popularmente para indicar que las parejas del mismo sexo tendrán los mismos derechos que los que disfrutan las parejas de diferentes sexos. Pero también podría indicar que es un matrimonio entre iguales. Esto no es lo que el matrimonio tradicional era. Durante gran parte de su historia en Occidente, las leyes que definían el matrimonio convertían, básicamente, al marido en propietario y a la esposa en una posesión; o al hombre en el jefe y a la mujer en sirvienta o en esclava.

El juez británico William Blackstone escribió en 1765, en su influyente ensayo sobre el derecho anglosajón (*common law*) y que posteriormente sería también el derecho estadounidense: «Mediante el matrimonio, el marido y la mujer son una única persona frente a la ley; es decir, la misma esencia o existencia legal de la mujer se suspende durante el matrimonio, o al menos es incorporada y consolidada a la del marido». Bajo estas leyes, la vida de la mujer dependía de la disposición de su marido, y aunque había maridos amables además de maridos desagradables, los derechos son mucho más fiables que la amabilidad de alguien que detenta poder absoluto sobre ti. Y los derechos aún estaban bastante lejos.

Hasta la adopción de las Leyes sobre la Propiedad de la Mujer Casada en 1870 y en 1882, todo pertenecía al marido; la mujer por sí misma no poseía nada, era pobre, sin que importara la herencia que hubiera recibido o sus propias ganancias. Las leyes contra el maltrato físico a la mujer se aprobaron más o menos en la misma época tanto en Inglaterra como en los Estados Unidos, pero, hasta llegados los años setenta, rara vez se hicieron cumplir. El que la violencia doméstica esté penada y perseguida (algunas veces) no ha acabado en país alguno con la epidemia que supone este tipo de violencia.

Las recientes memorias de la novelista Edna O'Brien contienen algunos pasajes espeluznantes de lo que parece haber sido un matrimonio muy tradicional. Su primer marido se sintió avasallado por el éxito literario de Edna y la obligaba a entregarle los cheques a él. Cuando ella se negó a cederle el generoso cheque recibido por los derechos de una de sus novelas para una película, él la estranguló; cuando ella fue a denunciarlo a la policía, esta no mostró mucho interés. La violencia me horroriza, pero también me espanta la subyacente asunción de que el abusador tiene el derecho de controlar y castigar a su víctima y la manera en la que dicha violencia se utiliza con esta finalidad.

El caso de Ariel Castro, en Cleveland, Ohio, acusado en 2013 de encarcelar, torturar y abusar sexualmente de tres mujeres jóvenes durante una década, es un caso extremo, pero puede que no sea algo tan anómalo como se ha retratado. Para empezar, Castro, según se afirma, era abierta e increíblemente violento con su pareja de hecho. Y lo que subyace tras las supuestas acciones de Castro debe de haber sido el deseo de una situación en la que él estuviese en posesión del poder absoluto y en la que las mujeres se viesen totalmente desamparadas; una sanguinaria versión del acuerdo tradicional.

Esta es la tradición contra la que protestaba y protesta el feminismo, y no solo contra sus versiones más extremas de esta tradición, sino contra las que vivimos día a día. Las feministas del siglo XIX lograron algunos avances, las de los años setenta y ochenta consiguieron dar muchos pasos más, y de todos ellos se han beneficiado todas y cada una de las mujeres de los Estados Unidos y del Reino Unido. El feminismo también hizo posible el matrimonio entre personas del mismo sexo gracias a todos los esfuerzos realizados para transformar una relación jerárquica en una igualitaria. Porque el matrimonio entre dos personas del mismo sexo es inherentemente igualitario, puede que una de las partes tenga más poder en determinados aspectos, pero en general es una relación entre personas que tienen el mismo estatus y por ello son libres de definir por sí mismas los roles con los que deseen jugar.

Las lesbianas y los gais abrieron hace tiempo el debate acerca de qué cualidades y roles son masculinos y cuáles femeninos, lo que puede resultar liberador para las personas heterosexuales. Cuando gais y lesbianas se casan, de alguna manera se amplía el significado del matrimonio. No subyace ninguna tradición jerárquica en su unión. Algunas personas le han dado con alegría la bienvenida a este hecho. Un pastor presbiteriano que había efectuado unas cuantas ceremonias matrimoniales de este tipo me comentaba: «Recuerdo llegar a esta conclusión en los momentos en los que me encontraba con parejas del mismo sexo antes de la ceremonia de matrimonio cuando esto era legal en California. Las viejas normas y tradiciones patriarcales no tenían lugar en sus relaciones, y ser testigo de ello era algo glorioso».

Los conservadores estadounidenses sienten miedo de este igualitarismo, o puede que simplemente estén anonadados por él. No es tradicional. Pero no quieren sentarse a hablar acerca de esta tradición o de las razones del interés que muestran por ella, aunque si tenemos en cuenta el ataque que lanzaron sobre los derechos reproductivos, los derechos de la mujeres, a finales de 2012 —y el furor mostrado a principios de 2013 contra la renovación de la Ley de Violencia contra las Mujeres— no es difícil ver cuál es su postura. Sin embargo, ocultan el interés real que les empuja a impedir los matrimonios de personas del mismo sexo.

Aquellos de nosotros que hemos seguido los procesos legales que han girado en torno a, por ejemplo, la batalla legal que ha tenido lugar en California respecto al matrimonio entre personas del mismo sexo, hemos escuchado un montón de argumentos acerca de cómo el matrimonio es una institución creada para la procreación y la crianza de niños; y aunque es cierto que la reproducción requiere de la unión de los espermatozoides y el óvulo, esta unión se produce de muchas maneras diferentes en nuestros días: se puede realizar también en laboratorios o mediante la maternidad de alquiler. Y todo el mundo es consciente de que actualmente hay muchos niños que son criados por sus abuelos, padrastros y madrastras, padres adoptivos, además de por otras personas que no les procrearon pero que les aman.

Muchos matrimonios heterosexuales no tienen hijos; muchos matrimonios heterosexuales que sí los tienen se separan o divorcian: no existe garantía de que los niños serán criados en una casa con dos progenitores de sexos diferentes. Los jueces se han mofado del argumento basado en la reproducción y la crianza de los niños utilizado contra los matrimonios de personas del mismo sexo. Y los conservadores no han articulado lo que parece ser su auténtica objeción: lo que realmente desean es preservar el matrimonio tradicional y, por encima de todo, mantener los roles de género tradicionales.

Conozco parejas heterosexuales encantadoras e increíbles que se casaron en los años cuarenta y cincuenta y otras que lo han hecho cada década desde entonces. Sus matrimonios son igualitarios, llenos de reciprocidad y generosidad. Pero incluso personas que no eran especialmente canallas han sido profundamente discriminadoras en el pasado. También sé de otro hombre, un hombre decente, que murió recientemente a la edad de noventa y un años. En la flor de la vida aceptó un empleo al otro lado del planeta sin ni siquiera informar a su esposa de que se iba a tener que mudar o invitarla a formar parte de esta decisión. A ella, su vida no le pertenecía como para poder decidir. Era de él.

Es hora de dar un portazo a esa época y abrir la puerta a otra, cuya apertura pueda darle la bienvenida a la igualdad: entre géneros, entre compañeros maritales, para todo el mundo bajo cualquier circunstancia. La igualdad en el matrimonio supone una amenaza, sí, pero para la desigualdad. Supone un elemento de apoyo a todo aquel que valore y se beneficie de la igualdad. Es para todos nosotros.

CAPÍTULO 5

ABUELA ARAÑA

I

Una mujer cuelga la colada. Todo y nada sucede a la vez. De su cuerpo vemos solo algunos de los dedos, un par de fuertes y morenas pantorrillas y los pies. La sábana blanca cuelga frente a ella, pero el soplo del viento hace que se pegue contra su cuerpo, revelando su figura. Es el acto más normal, esta acción de colgar la ropa para que se seque aunque calce negros zapatos de tacón, como si estuviese vestida para algo que no fuese el trabajo doméstico, o como si este trabajo doméstico ya fuese en sí una forma de baile. Sus piernas entrecruzadas parecen estar ejecutando un paso de danza. El sol arroja sobre el suelo su sombra y la oscura sombra de la blanca sábana. La sombra parece la de un pájaro oscuro de largas patas, como si un animal de una especie diferente se extendiese surgiendo de sus pies. La sábana vuela al viento, su sombra vuela, y ella hace todo eso en un paisaje desnudo y austero, sin escala alguna, casi como si se pudiera ver la curvatura de la tierra en el horizonte. Es el acto más normal y el más extraordinario, el colgar la ropa, y el pintar. Este último refleja lo que el silencio no puede hacer, invoca todo y no dice nada, invita significados sin comprometerse con ninguno en particular, te lanza una pregunta abierta más que darte respuestas. Aquí, en este cuadro de Ana Teresa Fernández, una mujer existe al mismo tiempo que es obliterada.

II

Pienso mucho en la obliteración. O más bien en el hecho de que la obliteración siga siendo visible. Tengo una amiga cuyo árbol genealógico abarca mil años, pero las mujeres no existen en él. Ella acaba de descubrir que ella misma no existió, pero sí que lo hicieron sus hermanos. Su madre no existió, y tampoco lo hizo la madre de su padre. O el padre de su madre. No existían las abuelas. Los padres tienen hijos y nietos y así se perpetúa el linaje, con el traspaso del nombre; cuanto más lejos llegan las ramas del árbol, más personas desaparecen: hermanas, tías, madres, abuelas, bisabuelas, una vasta población borrada del papel y de la historia. Su familia es de la India, pero esta versión del linaje nos es familiar en el Occidente de la Biblia, en la que largas listas de procreación unen padres con hijos. La disparatada genealogía de catorce generaciones relatada en el Nuevo Testamento que va de Abraham a José (sin reparar en que se supone que es Dios y no José el padre de Jesús). El árbol de Jesé —una especie de tótem del patrilinaje de Jesús relatado en el Libro de Mateo— fue representado en vidrieras y en otras formas de arte medieval y se le supone el antecesor del árbol familiar. Por lo tanto, la coherencia —del patriarcado, de los ancestros, de la narración— se construye desde la eliminación y la exclusión.

III

Elimina a tu madre, después a tus dos abuelas, después a tus cuatro bisabuelas. Retrocede más generaciones y cientos, después miles, desaparecen. Las madres desaparecen, y los padres y las madres de estas madres. Incluso más vidas desaparecen como si nunca hubiesen sido vividas hasta que reduces un bosque a un solo árbol, una red hasta una línea. Esto es lo que se necesita para construir una línea narrativa de sangre o de influencia o de sentido. Yo solía verlo todo el rato en la historia del arte, cuando nos contaban que Picasso procreó a Pollock y Pollock procreó a Warhol, y así todo el tiempo, como si los artistas solo fuesen influenciados por otros artistas. Hace décadas, el artista de Los Ángeles Robert Irwin, como bien es sabido, dejó tirado en una autopista a un crítico de arte de Nueva York después de que este último se negase a reconocer la destreza de un joven tuneador de coches clásicos. El mismo Irwin había trabajado tuneando coches y la cultura de los coches clásicos le había influenciado profundamente. Recuerdo a una artista contemporánea que fue más educada, aunque estaba tan enfadada como Irwin, cuando en la presentación de un catálogo se afirmó que nacía directamente de Kurt Schwitters y John Heartfield, endosándole así un pedigrí paternalista. Ella sabía que venía del haberse ensuciado las manos, del tejer y de todos los actos prácticos de la producción, de gestos acumulados que la habían fascinado desde que los albañiles fueron a su casa cuando era una niña. Todo el mundo está influenciado por aquellas cosas que preceden a la educación formal, que aparecen de la nada y de la vida cotidiana. A estas influencias excluidas las llamo las abuelas.

IV

Hay más maneras en las que se ha hecho desaparecer a las mujeres. Está el tema de los nombres. En algunas culturas las mujeres mantienen sus apellidos, pero en la mayor parte sus hijos toman el apellido del padre, y hasta hace muy poco en el mundo angloparlante, se llamaba a las mujeres casadas por el nombre de sus maridos antecedido por el *señora*. Dejabas de ser, por ejemplo, Charlotte Brontë y te convertías en la señora. Arthur Nicholls. Los apellidos borraban la genealogía de la mujer e incluso su existencia. Este extracto corresponde a la ley inglesa, tal y como Blackstone la dictó en 1765:

Mediante el matrimonio, el marido y la mujer son una única persona frente a la ley, es decir, el ser mismo o la existencia legal de la mujer es suspendida durante el matrimonio, o al menos es incorporada y consolidada en la del marido; bajo cuya ala, su protección y *abrigo*, la esposa lo realiza todo; y por ello es denominada en la ley francesa una *femme-covert* [...] o bajo la protección e influencia de su marido, su *barón*, o señor; y su condición durante el matrimonio es denominada su *cobertura*. Por esta razón, un hombre no puede ceder nada a su esposa, o contratar con ella; porque la cesión supondría el suponerle a ella una existencia separada.

La cubrió como si fuese una sábana, como un sudario, como una pantalla. Ella no poseía existencia separada de la de él.

V

Hay muchas formas de inexistencia de las mujeres. Al principio de la guerra en Afganistán, el suplemento dominical del *New York Times* le dedicó una portada y un extenso artículo a este país. Se suponía que la imagen principal en la cabecera del artículo mostraba a una familia, pero yo solo vi a un hombre y a unos niños, hasta que me di cuenta con asombro de que lo que había tomado por tapices o mobiliario era una mujer totalmente cubierta con un velo. Había desaparecido de la vista, e independientemente del resto de argumentos que pueda haber sobre los velos y los burkas, estos hacen desaparecer literalmente a las personas. Los velos poseen una larga historia. Existían en Asiria hace más de tres mil años, cuando existían dos tipos de mujeres, las respetables esposas y viudas que debían llevar velo, y las prostitutas y las esclavas que tenían prohibido hacerlo. El velo era como un muro de privacidad, el marcador de la mujer de un hombre, una transportable arquitectura del confinamiento. Hay otros tipos de arquitectura menos transportables que mantienen a las mujeres confinadas en casas, en la esfera doméstica de las tareas del hogar y la crianza de los niños, y por ello fuera de la vida pública e incapaces para la libre circulación. En muchas sociedades las mujeres han sido confinadas en las casas para controlar sus energías eróticas, algo necesario en un mundo patrilineal para que los padres pudiesen saber quiénes eran sus hijos y construyesen sus propios linajes de procreación. En las sociedades matrilineales, este tipo de control no es tan esencial.

VI

En Argentina durante la «Guerra Sucia» que tuvo lugar entre 1976 y 1983, se decía que la Junta Militar «hacía desaparecer» a la gente. Hicieron desaparecer a disidentes, militantes, izquierdistas, judíos, tanto hombres como mujeres. A quienes se iba a hacer desaparecer se les cogía en secreto, si era posible, para que ni siquiera la gente que les amaba pudiese conocer su suerte. Entre quince mil y treinta mil argentinos fueron erradicados de esta manera. La gente dejó de hablar con sus vecinos y con sus amigos, silenciados por el miedo de que algo, alguien, pudiera traicionarlos. Su existencia se hizo cada vez más delicada porque intentaban protegerse ellos mismos contra la inexistencia. La palabra *desaparecer*, un verbo, se convirtió en un nombre cuando muchos miles fueron convertidos en lo desaparecido, *los desaparecidos*,[2] pero la gente que los amaba los mantuvo con vida. Las primeras voces contra esta desaparición, quienes primero superaron el miedo, y hablaron y se hicieron visibles fueron las madres. Se las llamó *Las Madres de la Plaza de Mayo*. Su nombre provino del hecho de que eran las madres de los desaparecidos y que empezaron a aparecer en el lugar que representaba el mismo corazón del país —frente a la Casa Rosada, la mansión presidencial, en la plaza de Mayo en Buenos Aires, la capital— y una vez que hubieron aparecido, se negaron a desaparecer. Al estar prohibido sentarse, caminaron. Pese a que serían atacadas, arrestadas, interrogadas, expulsadas de la mayor parte de los lugares públicos, regresaron una y otra vez para mostrar abiertamente su dolor, su furia, y para organizar su exigencia de que sus hijos y sus nietos fuesen devueltos. Vestían pañuelos blancos con los nombres de sus hijos y la fecha de su desaparición bordados en ellos. La maternidad suponía un lazo

---

[2] En castellano en el original. (*N. de la T.*)

emocional y biológico que los generales que en aquel momento gobernaban el país no podían retratar como algo simplemente izquierdista o criminal. Este lazo supuso la protección que necesitaba una nueva forma de protesta política, tal y como le había supuesto también al grupo norteamericano Mujeres por la Paz, que nació a la sombra de la Guerra Fría en 1961, cuando la disidencia aún se veía o se señalaba como algo siniestro, como comunista. La maternidad y la respetabilidad se convirtieron en la armadura, en el traje, el disfraz que vestían estas mujeres que atacaban, en un caso a los generales, y en el otro el uso de armas nucleares y la guerra en sí misma. Este papel fue la pantalla tras la cual estas mujeres poseían cierto tipo de limitada libertad de movimientos en un sistema en el que nadie era auténticamente libre.

VII .

Cuando era joven, unas mujeres fueron violadas en el campus de una importante universidad, y la respuesta de las autoridades fue recomendar a las estudiantes que no saliesen solas por la noche o que no saliesen para nada. En el caso de las mujeres, el confinamiento siempre está al acecho, listo para cubrirte con su manto. Algunos bromistas colocaron carteles proponiendo otro remedio: que todos los hombres fuesen excluidos del campus a la caída de la noche. Era una solución tan lógica como la anterior, pero el que se les pidiese que desaparecieran del espacio público impactó a los hombres; perder su libertad de movimiento y de participación, todo por culpa de un solo hombre. Es fácil llamar crímenes a las desapariciones forzadas de la Guerra Sucia, pero ¿cómo llamamos, cómo nombramos los miles de desapariciones de mujeres de la esfera pública, de la genealogía, de su presencia legal, la desaparición de las voces, de las vidas? Según el proyecto Ferite a Morte (Heridas de Muerte), organizado por la actriz italiana Serena Dandino y sus compañeras, unas sesenta y seis mil mujeres son asesinadas a manos de hombres cada año, en todo el planeta, en circunstancias específicas que empezaron a denominar «feminicidio». La mayor parte de estas mujeres son asesinadas por amantes, maridos, antiguas parejas que buscan la forma más extrema de contención, la manera definitiva de anulación, de silenciamiento, de desaparición. Estas muertes a menudo llegan tras años o décadas de ser silenciadas y borradas mediante la amenaza y la violencia, en sus casas, en la vida diaria. Algunas mujeres son suprimidas poco a poco, algunas de un plumazo. Algunas reaparecen. Cada mujer que aparece debe enfrentarse a las fuerzas que querrían hacerla desaparecer. Lucha contra aquellas fuerzas que relatarían en su lugar su propia historia, que la borrarían de la historia, de la genealogía, de los derechos del hombre, del imperio de la ley. La capacidad de contar tu propia historia, sea en palabras o en imágenes, ya supone una victoria o una rebelión.

VIII

Se pueden contar muchas historias alrededor de una mujer que tiende la colada; colocar la ropa en la cuerda de tender a veces es una tarea placentera, un desvío que asoma a la luz. También se pueden contar muchos y diferentes tipos de historias sobre la misteriosa forma enredada en la sábana de este cuadro de Ana Teresa Fernández. Tender la ropa puede ser la más fantástica de las tareas domésticas, la que está en contacto con el aire y el sol, con los momentos en los que el agua se evapora de la ropa limpia. No es algo que los privilegiados hagan mucho actualmente, aunque si la mujer de tacones negros es ama de casa, criada o una diosa del fin del mundo es algo imposible de determinar, como también lo es la pregunta de qué significa que esté tendiendo una sábana aunque a mí me provoque una cadena de asociaciones relacionadas con la obliteración, como su propia cuerda de tender. Tender la ropa es la manera en la que el tejido se secaba hasta que se inventó la secadora, y yo aún tiendo la ropa fuera. También lo hacen las inmigrantes latinas y asiáticas en San Francisco, la ropa lavada cuelga de las ventanas de Chinatown y a lo largo de los patios del distrito de The Mission, volando como si fuesen cientos de banderas de oración. ¿Qué historias cuentan esos desgastados vaqueros, la ropa de los niños, esta ropa interior o aquella funda de almohada a rayas?

IX

Este san Francisco[3] viste un ropaje blanco que le cubre tan completamente que solo podemos ver un par de manos fuertes, un pie y una cara cubierta por una sombra profunda que cae de una capucha. La luz viene de la parte izquierda y proyecta profundas sombras y rugosidades sobre las pesadas arrugas de lo que parece ser lana, sus brazos se juntan rodeando una calavera que acunan en el espacio circular que irradian los pesados ropajes. Su tocayo, el artista español del siglo XVII, Francisco de Zurbarán, pintó una y otra vez ropajes blancos en sus retratos de santos, que caen como cascadas mientras ocultan la figura de san Jerónimo; que son un torbellino de luces y de sombras en la figura de san Serapio, cuyos brazos se elevan en un tipo de exhausta derrota: las cadenas que le atenazan las muñecas le evitan caer colapsado. El tejido gesticula, absorbe, emite; habla lo que no hablan sus veladas figuras; reemplaza la sensualidad de la carne con un sustituto más puro pero no menos expresivo. Esconde el cuerpo tanto como define su espacio, como la sábana en el cuadro de Fernández. Es un momento para el puro placer de pintar, de la luz y la sombra, y es una fuente de luminosidad frente al trasfondo de los antiguos pintores. En tiempos de Zurbarán, las mujeres hilaban y tejían la mayor parte de los tejidos, pero no pintaban. Vi la exposición de cuadros de Zurbarán en una antigua ciudad italiana con un hermoso teatro cuyos muros y techos pintados me recordaban el trabajo de una artista de San Francisco, la muralista Mona Caron. Aunque los lazos y las cintas evocaran su trabajo, en aquellos tiempos pocas mujeres eran capaces de pintarlos, de crear imágenes en público, de definir cómo miramos el mundo, para poder ganarse

---

[3] Se refiere a la pintura de Zurbarán *San Francisco de pie contemplando una calavera*, c. 1633-1635. *(N. de la T.)*

la vida, para hacer algo que podamos mirar quinientos años después. En el cuadro de Fernández, el blanco tejido de expresivas arrugas y sombras es una sábana. Habla de casas, de camas, de lo que sucede en las camas y que después es lavado, de limpiar la casa, del trabajo de las mujeres. Esto es sobre lo que habla, no lo que es. La mujer que es representada es oscurecida, pero la mujer que representa no lo es.

X

Esta pintura de diferentes colores fue exprimida de sus tubos, mezclada y aplicada tan artísticamente en un hilado tejido tensado sobre un marco de madera que decimos que vemos una mujer tendiendo una sábana en vez de óleo sobre lienzo. La imagen de Ana Teresa Fernández tiene un metro ochenta de alto por uno cincuenta de ancho, la figura es casi de tamaño real. Y aunque no tiene título, la serie a la que pertenece sí que lo tiene: *Telaraña.*[4] La telaraña del género y la historia en la que la mujer pintada está atrapada: la telaraña del propio poder que ella está tejiendo en este cuadro dominado por una sábana que fue tejida. Tejida, ahora, por una máquina, pero que antes de la Revolución Industrial lo era por mujeres cuyo hilar y tejer las unía a las arañas y hacía de las arañas personajes femeninos en las viejas historias. En esta parte del mundo, en las leyendas de la creación de los pueblos hopi, pueblo, navajo; choctaw y cherokee, la Abuela Araña es la principal creadora del universo. Entre las antiguas leyendas griegas encontramos la de una desgraciada hilandera que fue convertida en araña, así como la de las poderosas Moiras, quienes hilaban, enrollaban y cortaban la hebra de la vida de cada persona, quienes aseguraban que cada vida fuese una narrativa lineal que llegase a un fin. Las telarañas son imágenes de lo no lineal, de las muchas direcciones en las que puede ir algo, de los muchos caminos para ello; el de las abuelas así como el del linaje patrilineal. Hay un cuadro alemán del siglo XIX de unas mujeres procesando las plantas de lino de las que se extrae este tejido. Llevan zapatos

---

[4] En castellano en el original. (*N. de la T.*)

de madera, vestidos oscuros, recatados gorros blancos, y permanecen a diferentes distancias de un muro, en el que las madejas de material primario han sido enrolladas en hilo. De cada una de ellas un único hilo cruza la habitación, como si fuesen arañas, como si saliese directamente de sus tripas. O como si estuviesen atadas al muro por esos finos y delgados hilos invisibles bajo otros tipos de luz. Están tejiendo, atrapadas en la red.

Tejer la red y no ser atrapado en ella, para crear el mundo, para crear tu propia vida, para decidir tu destino, para nombrar a las abuelas así como a los padres, para dibujar redes y no solo líneas rectas, para ser una creadora así como deshacedora, ser capaz de cantar y no ser silenciada, retirar el velo y aparecer; todas estas son las banderas de oración que cuelgo yo en la cuerda de tender.

CAPÍTULO 6

LA OSCURIDAD DE WOOLF

Abrazar lo inexplicable

«El futuro es oscuro, que es, en general, lo mejor que el futuro puede ser, creo»,[5] escribió Virginia Woolf, en su diario el 18 de enero de 1915, cuando tenía casi treinta y tres años y la Primera Guerra Mundial estaba empezando a convertirse en una catastrófica carnicería a una escala sin precedentes, y que continuaría durante años. Bélgica estaba ocupada, el continente estaba en guerra, muchas de las naciones europeas también invadían otros lugares, el canal de Panamá acababa de ser abierto, la economía norteamericana se encontraba en una terrible situación, veintinueve personas acababan de morir en Italia en un terremoto, los dirigibles Zeppelin estaban a punto de atacar Great Yarmouth dando el pistoletazo de salida a la era del bombardeo aéreo sobre civiles, y a los alemanes les faltaban dos semanas para utilizar, por primera vez, gas venenoso en el frente occidental. Aunque puede que Woolf estuviese escribiendo sobre su propio futuro más que sobre el del mundo.

Hacía menos de seis meses que había superado un ataque de locura, o depresión, que la había llevado a un intento de suicidio, y aún era atendida, o custodiada, por enfermeras. Hasta entonces, de hecho, su locura y la guerra habían seguido un calendario similar, pero Woolf se recuperó y la guerra continuó su descenso a las profundidades durante unos años más. *El futuro es oscuro, que es, en general, lo mejor que el futuro puede ser, creo.* Es una afirmación extraordinaria, que señala que lo desconocido no necesita ser

---

[5] Virginia Woolf, 1981, *Diarios 1915-1930*, Barcelona; Lumen, p.215 (*N. de la T.*)

convertido en lo conocido mediante la falsa adivinación o la proyección de narrativas desalentadoras o políticas; es una celebración de la oscuridad, deseosa —como ese «creo» indica— de no estar segura ni siquiera de su propia afirmación.

Mucha gente tiene miedo a la oscuridad. De manera literal en el caso de los niños, aunque lo que muchos adultos temen, por encima de todo, es a la oscuridad que supone lo desconocido, lo invisible, lo oscuro. Sin embargo, la noche, en la cual las distinciones y las definiciones no pueden ser hechas inmediatamente, es la misma noche en la que se hace el amor, en la que las cosas se funden, cambian, son embrujadas, provocadas, poseídas, desatadas, renovadas.

Cuando empezaba a escribir este ensayo, cogí un libro sobre supervivencia en la naturaleza salvaje de Laurence González y encontré en él esta frase reveladora: «El plan, la memoria del futuro, se prueba en la realidad para ver si funciona». Opina que cuando estos dos parecen incompatibles a menudo nos enganchamos al plan inicial, ignorando las advertencias que nos ofrece la realidad, y entonces nos hundimos en los problemas. Temerosos de la oscuridad de lo desconocido, de los espacios en los que solo vemos vagamente, a menudo escogemos la oscuridad de los ojos cerrados, de la inconsciencia. González añade que «los investigadores señalan que las personas tienden a tomar cualquier información como la confirmación de sus modelos mentales. Somos optimistas por naturaleza, si *optimismo* significa que creemos que vemos el mundo tal y como es. Y bajo la influencia de un plan, es fácil ver lo que queremos ver». Es el trabajo de los escritores y exploradores el ver más, el viajar ligeros de equipaje cuando deambulan por las ideas preconcebidas, el atravesar la oscuridad con los ojos abiertos.

No todos ellos aspiran a hacerlo o a tener éxito. En nuestros días la no ficción se ha acercado poco a poco a la ficción de maneras nada halagüeñas para lo ficticio, en parte porque hay demasiados escritores que no pueden aceptar las maneras en las que el pasado, como el futuro, es oscuro. Hay mucho que no sabemos, y escribir honradamente sobre una vida —la tuya propia o la de tu madre o la de un personaje famoso, un suceso, una crisis u otra cultura— es entablar reiteradamente una conversación con aquellos territorios de la oscuridad, aquellas noches de historia, aquellos lugares de lo desconocido. Estos lugares nos recuerdan que el conocimiento tiene límites, que existen misterios esenciales, comenzando por la idea de que podamos saber exactamente qué es lo que pensó o sintió alguien en ausencia de información detallada sobre ello.

Bastante a menudo, no conocemos estos hechos ni siquiera cuando tienen que ver con nosotros mismos, menos aún, con alguien que pereció en una época cuyas texturas y reflejos eran diferentes a los nuestros. Llenar los espacios vacíos reemplaza la verdad de lo que no conocemos exactamente con la falsa sensación de que sí que lo hacemos. Sabemos menos cuando erróneamente creemos que sabemos, que cuando reconocemos que no sabemos. A veces pienso que estas pretensiones de conocimiento acreditado son errores del lenguaje: el lenguaje de la aseveración atrevida es más sencillo, menos costoso, que el lenguaje de los matices y la ambigüedad de la especulación. Woolf era inigualable en el uso de este último.

¿Cuál es el valor de la oscuridad, el de aventurarse sin saber en lo desconocido? Virgina Woolf está presente en cinco de los libros que he escrito en este siglo, *Wanderlust,* mi historia del caminar; *A Field Guide to Getting Lost,* un libro sobre los usos del deambular y de lo desconocido; *Inside Out,* que gira en torno a la vivienda y a las fantasías hogareñas; *The Faraway Nearby,* un libro sobre los relatos, la empatía, la enfermedad y las conexiones inesperadas; y *Hope in the Dark,* un pequeño libro que explora el poder popular y cómo se despliega el cambio. Woolf ha sido una piedra de toque para mí, una autora de referencia, una de las de mi panteón, junto con Jorge Luis Borges, Isak Dinesen, George Orwell, Henry David Thoreau y algunos más.

Incluso su nombre le añade un poco de naturaleza salvaje. Los franceses llaman al anochecer el tiempo *entre le chien et le loup,* «entre el perro y el lobo», y realmente al casarse con un judío en la Inglaterra de su tiempo Virginia Stephen estaba escogiendo transformarse en algo un poco más salvaje. Aunque hay muchas Woolf, la mía ha sido un Virgilio que me guiaba a través de los usos del deambular, del perderse, del anonimato, de la inmersión, la incertidumbre y lo desconocido. Hice de esa frase tan suya sobre la oscuridad el epigrama que impulsó *Hope in the Dark*, mi librito sobre política y posibilidades, escrito para confrontar la desesperación tras el desastre de la invasión de Irak por parte de la administración Bush.

Mirar, esquivar la mirada, mirar de nuevo

Empecé a escribir el libro con esa frase sobre la oscuridad. La ensayista y crítica cultural Susan Sontag, cuya Woolf no es la mía, comenzaba su libro de 2003 *Ante el dolor de los demás,* que trata de la empatía y la fotografía, con una cita de la última Woolf. Comenzaba de esta manera: «En junio de 1938 Virginia Woolf publicó *Tres guineas*, sus reflexiones valientes e inoportunas sobre las raíces de la guerra».[6] Sontag analizaba el rechazo de Woolf a ese «nosotros» en la pregunta que abre el libro: «¿Cómo hemos de evitar la guerra en su opinión?», a lo que ella responde con esta declaración: «Como mujer no tengo patria».[7]

Sontag discute con Woolf sobre este nosotros, sobre fotografía, sobre la posibilidad de prevenir la guerra. Discute con respeto, con la conciencia de que las condiciones históricas habían cambiado radicalmente (incluyendo el estatus de las mujeres como forasteras en su propio mundo), con el utopismo de la era de Woolf que imaginaba un final a una época de guerra total. No solo discute con Woolf, discute con ella misma, rechazando su propio argumento anterior recogido en *Sobre la fotografía,* en el que avanzamos sofocados por imágenes de atrocidades especulando acerca de cómo debemos continuar mirando. Porque las atrocidades no tienen un fin y de alguna manera debemos trabajar con ellas.

---

[6] Susan Sontag, 2011, *Ante el dolor de los demás,* Barcelona: Debolsillo, p. 7. (*N. de la T.*)

[7] Virginia Woolf, 1999, *Tres guineas,* Barcelona: Lumen, pág. 192. (*N. de la T.*)

Sontag finaliza su libro con reflexiones sobre aquellos que se encuentran en la neblina de este tipo de guerras que se desencadenaron en Irak y Afganistán. Tal y como escribió de la gente en guerra: «"Nosotros" —y este "nosotros" es todo aquel que nunca ha vivido nada semejante a lo padecido por ellos— no entendemos. No nos cabe pensarlo. En realidad no podemos imaginar cómo fue aquello. No podemos imaginar lo espantosa, lo aterradora que es la guerra; y cómo se convierte en normalidad. No podemos entenderlo, no podemos imaginarlo».[8]

Sontag también nos compele a abrazar la oscuridad, lo desconocido, lo incognoscible, a no dejar que el torrente de imágenes que se derrama sobre nosotros nos convenza de que entendemos ni que nos vuelva insensibles al sufrimiento. Afirma que el conocimiento puede entumecer el sentimiento tanto como despertarlo. Pero no sueña con que estas contradicciones puedan resolverse; nos concede autorización para seguir mirando las fotografías; le otorga a los sujetos de estas fotografías el derecho a que se reconozca la incognoscibilidad, el misterio de sus experiencias. Y ella misma reconoce que, incluso aunque no podamos discernir completamente estos misterios, puede que sí nos importen.

Sontag no aborda nuestra incapacidad de reaccionar exclusivamente al sufrimiento invisible, porque incluso en esta época de correos electrónicos diarios llenos de ruegos acerca de las pérdidas y atrocidades de las guerras y crisis, y pese a la documentación, tanto *amateur* como profesional de las mismas, gran parte de todo ello permanece invisible. Y los regímenes recorren grandes distancias para esconder los cuerpos, los prisioneros, los crímenes y la corrupción; aun así, incluso ahora, a alguien puede importarle.

La Sontag que comenzó su carrera pública con un ensayo titulado *Contra la interpretación* era una festejante de lo indeterminado. Al comienzo del ensayo, escribía: «La más antigua experiencia del arte tiene que haberse percibido como encantamiento o

---

[8] Sontag, *op. cit.*, p. 67. (*N. de la T.*)

magia…».[9] Más tarde añade en el mismo ensayo: «La actual es una de esas épocas en las que la actitud interpretativa es en gran parte reaccionaria, asfixiante […]. Es la venganza que se toma el intelecto sobre el mundo. Interpretar es empobrecer».[10] Y por supuesto, tras esto, se lanzó a una vida de interpretaciones que, en sus mejores momentos, se unió a la de Woolf en su resistencia contra el encasillamiento, las simplificaciones excesivas y las conclusiones fáciles.

Discutí con Sontag como ella discute con Woolf. De hecho, la primera vez que nos encontramos discutí con ella sobre la oscuridad y, para mi sorpresa, no perdí la discusión. Si visitamos sus últimos trabajos, su colección de ensayos póstumos, *Al mismo tiempo: ensayos y conferencias*, encontrarás un pequeño párrafo con mis ideas y ejemplos interpolados en su ensayo, como un cardillo en su calcetín. Sontag estaba escribiendo su discurso de entrega del Premio Óscar Romero en la primavera de 2003 justo cuando estalló la guerra de Irak (el premio fue a parar a Ishai Menuchin, dirigente del comité de rechazo selectivo al servicio militar en Israel).

Sontag debía de tener unos nueve años cuando murió Woolf. Visité a Sontag cuando esta tenía setenta, en su ático del barrio de Chelsea en Nueva York, con vistas a la espalda de una gárgola situada a la altura de la ventana y a un montón de fragmentos impresos del discurso sobre la mesa. Los leí mientras bebía un té oscuro y húmedo de raíz de diente de león, que sospecho debía de llevar décadas en el armario, única alternativa que había en aquella cocina al expreso. Ella insistía en la necesidad de que resistiéramos por principio, incluso pensando que tal vez fuese fútil. Yo acababa de empezar a intentar abrir una puerta a la esperanza mediante la escritura y argumentaba que no sabemos si nuestras acciones son fútiles; que no tenemos memoria del futuro; que, de hecho, el futuro es oscuro, que es la mejor cosa que puede ser; y que, al final, siempre actuamos en la oscuridad. Los

---

[9] Susan Sontag, 1984, *Contra la interpretación*, Barcelona: Seix Barral, p. 20. (*N. de la T.*)
[10] *Ibid.* (*N. de la T.*)

efectos de nuestras acciones pueden desenvolverse de maneras que no hubiéramos podido prever ni siquiera imaginar. Pueden desarrollarse mucho después de tu muerte. Entonces es cuando más resuenan las palabras de muchos escritores.

Aquí estamos, después de todo, revisando las palabras de una mujer que murió hace setenta y cinco años y que, sin embargo, de distintas maneras está viva en muchas imaginaciones, que es parte de la conversación, una influencia con representación. El discurso de Sontag sobre la resistencia, publicado en TomDispatch esa primavera de 2003, y en *Al mismo tiempo: ensayos y conferencias*, publicado unos años después, se encuentra un párrafo en el que Sontag se refiere a la influencia póstuma de Thoreau y al Emplazamiento de Pruebas de Nevada (el lugar en el que fueron detonadas más de mil bombas nucleares, y donde durante varios años, comenzando en 1988, formé parte de las masivas acciones de desobediencia civil que se llevaron a cabo contra la carrera nuclear). El mismo ejemplo ponía punto final a *Hope in the Dark*: el libro relata cómo los activistas antinucleares no conseguimos clausurar realmente el Emplazamiento de Nevada, nuestro principal objetivo, pero, sin embargo, inspiramos a la población de Kazajistán para cerrar el emplazamiento de pruebas nucleares soviéticas en 1990. Totalmente imprevisto, totalmente imprevisible.

Aprendí mucho del Emplazamiento y de los otros lugares sobre los que escribí en *Savage Dreams: The Landscape Wars of the American West*, sobre el largo arco de la historia, sobre las consecuencias no buscadas, los impactos de efecto retardado. El Emplazamiento como lugar de enorme convergencia y colisión y el ejemplo de autoras como Sontag y Woolf me enseñaron a escribir. Y de repente, años después, Sontag fermentó su defensa de actuar por principio con algunos de mis ejemplos esparcidos durante aquella conversación en la cocina y en pequeñas ideas sueltas que dejé apuntadas. Fue un pequeño impacto que nunca me hubiese imaginado y tuvo lugar en un año en el que las dos invocábamos a Virginia Woolf. Los principios a los que ambas nos suscribíamos en los libros que la citaban podrían llamarse *woolfianos*.

Dos paseos invernales

Para mí, los motivos para la esperanza son, simplemente, que no sabemos qué pasará después, y que lo inesperado y lo inimaginable suceden habitualmente. La historia no oficial del mundo muestra que individuos dedicados y movimientos populares pueden moldear y han moldeado la historia, pese a que cómo y cuánto tiempo llevará hacerlo no se pueda predecir. La desesperación es una forma de certeza, certeza de que el futuro será bastante parecido al presente o que devendrá de él; la desesperanza es una memoria confidente del futuro, en las reverberantes palabras de González. El optimismo es igualmente confiado acerca de qué pasará. Ambos son terrenos para la inacción. La esperanza puede ser el conocimiento de que no poseemos esa memoria y que esa realidad no necesariamente encaja con nuestros planes; la esperanza, como la capacidad creativa, puede devenir de lo que el poeta romántico John Keats denominaba «capacidad negativa».

Durante una noche a mediados del invierno de 1817, poco más de un siglo antes de que el diario de Woolf entrase en la oscuridad, el poeta John Keats caminaba de regreso a casa conversando con unos amigos tal y como narró en la conocida carta que escribiría posteriormente describiendo aquel paseo: «Varias cosas encajaron en mi mente, e inmediatamente comprendí qué tipo de cualidad creaba a un hombre de éxito, especialmente en la literatura. [...] me refiero a la *Capacidad Negativa*, es decir, a aquella por la cual un hombre es capaz de existir en medio de incertidumbres, misterios y dudas sin una búsqueda irritable del hecho y la razón».[11]

Keats, mientras paseaba, conversaba y tras haber entretejido diferentes cosas en su mente, sugiere que el deambular a pie puede llevar al deambular de la imaginación y al entendimiento, que es en sí creación, la actividad que hace de la introspección una persecución externa. «Un esbozo del pasado», escribió Woolf.

---

[11] John Keats, 1982, *Cartas*, Barcelona: Icaria, p. 31. (*N. de la T.*)

En sus memorias, «Un esbozo del pasado», Woolf escribía: «Entonces, un día, mientras paseaba alrededor de Tavistock Square, concebí, tal y como a veces concibo mis libros, *Al faro*; de manera torrencial y aparentemente involuntaria. Una cosa retumba en otra. Soplar burbujas en una pipa da una idea de la rápida aparición de ideas y de escenas que surgían de mi mente, de tal manera que mis labios parecían silabear por cuenta propia mientras caminaba. ¿Qué soplo hacía surgir las burbujas? ¿Y por qué en aquel momento? No tengo la menor idea».[12]

Parte del genio de Woolf, creo yo, es el hecho de no tener noción, es justo esa capacidad negativa. Me hablaron una vez de un botánico de Hawái que poseía el don de descubrir especies nuevas perdiéndose en la selva, yendo más allá del terreno conocido y de la manera de conocerlo, dejando que su experiencia fuese mayor que sus conocimientos, escogiendo la realidad en vez del plan. Woolf no solo utilizaba este método, sino que festejaba el impredecible vagabundeo, tanto de los pies como de la mente. Su gran ensayo «Sin rumbo por las calles: una aventura londinense»,[13] escrito en 1930, posee el tono de brisa ligera de muchos de sus primeros ensayos y, sin embargo, se aventura profundamente en la oscuridad.

Utiliza una excursión novelada o inventada para comprar un lápiz durante un anochecer invernal en Londres como excusa para explorar la oscuridad, el deambular, la invención, la anulación de la identidad, la inmensa aventura que transpira en la mente mientras que el cuerpo viaja por un sendero cotidiano. «Además, la tarde nos da la irresponsabilidad que brindan la oscuridad y la luz de las farolas,[14] —escribe Woolf—. Ya no somos en absoluto nosotros mismos. Cuando salimos de casa una deliciosa tarde entre las cuatro y las seis, nos liberamos del yo que conocen nuestros amigos y pasamos a formar parte de ese inmenso ejército republicano de vagabundos anónimos, cuya compañía resulta de lo más

---

[12] Virginia Woolf, 2014, *Momentos de vida*, Barcelona: Lumen, p. 67. (*N. de la T.*)

[13] Virginia Woolf, 2010, *La muerte de la polilla y otros relatos*, «Sin rumbo por las calles: una aventura londinense», Madrid: Capitán Swing. (*N. de la T.*)

[14] *Ibid*, p. 38. (*N. de la T.*)

agradable después de la soledad de la propia habitación».[15] Describe aquí un tipo de sociedad que no refuerza la identidad, sino que la libera, una sociedad de extraños, la república de las calles, la experiencia inventada por las ciudades de ser anónimos y libres.

La introspección se suele representar como algo interno, una acción solitaria, como el monje en su celda, como la autora en su escritorio. Woolf discrepa respecto a esta visión de la casa: «En efecto, en ella nos sentamos rodeados por objetos que de forma permanente expresan la singularidad de nuestros propios temperamentos y hacen valer los recuerdos de nuestra propia experiencia».[16] Describe los objetos que la rodean y después afirma: «Pero cuando la puerta se cierra ante nosotros, todo esto desaparece. La capa en forma de caparazón que nuestras almas han excretado para alojarse, para fabricarse para sí mismas una figura diferente de las otras, está rota, y queda de todas estas arrugas y asperezas una ostra central de agudeza, un ojo enorme. ¡Cuán preciosa es una calle en invierno!».[17]

Este ensayo encontró su propio camino en mi historia del caminar, *Wanderlust*, que es también un relato sobre el deambular y la mente en movimiento. El caparazón de la casa es tanto un tipo de cárcel como una protección, un revestimiento de familiaridad y continuidad que puede desaparecer en el exterior. Caminar por la calle puede ser una forma de compromiso social, incluso de acción política cuando caminamos de común acuerdo, como hacemos en las revueltas, en las manifestaciones y las revoluciones, pero también puede ser un camino que induzcan al ensueño, a la subjetividad y a la imaginación, una especie de dueto entre el empujar e interrumpir del mundo exterior y el flujo de imágenes y deseos (y temores) de nuestro interior. A veces, pensar es una actividad exterior y física.

En estas circunstancias, a menudo son las leves distracciones las que ponen en marcha la imaginación y no la concentración

---

[15] *Ibid. (N. de la T.)*
[16] *Ibid. (N. de la T.)*
[17] *Ibid.* p. 39. *(N. de la T.)*

ininterrumpida. Momentos en los cuales el pensamiento trabaja oblicuamente, paseando tranquilamente por rotondas y caminos laterales que le llevan a aquellos lugares que no puede alcanzar directamente. En «Sin rumbo por las calles», los viajes de la imaginación pueden ser meramente recreativos, pero este deambular le permitió a Woolf darle forma a *Al faro*, impulsó la creatividad de su trabajo de una manera que no le hubiese sido posible lograr sentada frente a su escritorio. Las maneras en las que se desarrollan los trabajos creativos son siempre impredecibles, exigen espacio para vagabundear, rechazan horarios y sistemas. No pueden ser reducidas a fórmulas repetibles.

El espacio público, el espacio urbano, que en otros momentos sirve a los propósitos de los ciudadanos, al establecimiento de contacto entre unos miembros de la sociedad con otros, aquí es el espacio en el que hacer desaparecer los lazos y las ataduras de la identidad individual. Woolf celebra el perderse, no el perderse en sentido literal de no encontrar tu camino, sino el perderse como el abrazo a lo desconocido y a la manera en la que el espacio físico puede proporcionar espacio mental. Escribe sobre el soñar de día, o tal vez en este caso los sueños crepusculares, la tarea de imaginarte en otro sitio, como otra persona.

En «Sin rumbo por las calles», se interroga sobre la identidad en sí:

¿O tal vez el auténtico yo no es esto ni aquello, no está aquí ni allá, sino que es algo tan variado y errante que únicamente cuando cedemos a sus deseos y permitimos que avance sin trabas somos en realidad nosotros mismos? Las circunstancias imponen la unidad; es conveniente que un hombre sea íntegro. El buen ciudadano, al abrir la puerta de su casa por la tarde, debe ser banquero, jugador de golf, marido, padre, no un nómada que vaga por el desierto, un místico que contempla el cielo, una persona disoluta de los barrios bajos de San Francisco, un soldado que acaudilla una revolución, un paria que da alaridos con escepticismo y soledad.[18]

---

[18] *Ibid.* p. 47. (*N. de la T.*)

Pero él es todos esos otros, dice ella, y las restricciones que limitan lo que él puede ser no son las censuras de ella.

Principios de incertidumbre

Woolf hace un llamamiento a una versión más introspectiva del «contengo multitudes» de Walt Whitman,[19] a una versión más diáfana que la del poeta Arthur Rimbaud en su «Yo es otro».[20] Apela a las circunstancias que no fuerzan a la unidad de la identidad como limitación o incluso represión. Se señala a menudo que hace esto por los personajes de sus novelas, y menos a menudo se percibe que, en sus ensayos, lo ejemplifica en la voz crítica, investigadora, que celebra y amplía, y que exige en su insistencia de multiplicidad, en su irreductibilidad, y tal vez en el misterio, si el misterio supone la capacidad de algo de convertirse, de trascender, de no poder circunscribirse, de contener más.

Los ensayos de Woolf son a menudo manifiestos sobre ejemplos o investigaciones de esta consciencia sin barreras, de este principio de incertidumbre. También son otras formas de crítica en un mundo en el que con frecuencia sentimos que el objetivo de la crítica es encapsular y determinar aquello sobre lo que se ejerce la crítica. Durante mis años como crítica de arte, solía bromear diciendo que los museos aman a los artistas de la misma manera que los taxidermistas aman a los ciervos; parte de ese deseo de asegurar, de estabilizar, de procurar certezas y de definir el trabajo indefinido, nebuloso y aventurero de los artistas está presente en muchos de aquellos que trabajan en ese confinamiento que algunas veces se denomina el mundo del arte.

Una hostilidad similar, contra el carácter escurridizo del trabajo y de las ambigüedades de los propósitos del artista, existe habitualmente en el mundo de la crítica literaria y en las investigaciones académicas; un deseo de convertir en certeza lo incierto, de

---

[19] Walt Whitman, 1991, *Hojas de hierba*, Barcelona: Lumen, p. 169. (*N. de la T.*)
[20] Arthur Rimbaud, 1985, *Cartas al vidente*, Madrid: Hiperión, p. 83. (*N. de la T.*)

conocer lo que es incognoscible, de clasificar y de contener. Lo que escapa a la categorización puede ser totalmente indetectable.

Existe una forma de crítica que contrarresta, que busca expandir el trabajo del arte, conectándolo, abriendo sus significados, dándole la bienvenida a las posibilidades. Un gran trabajo de crítica puede liberar una obra de arte, para ser vista en plenitud, para que permanezca viva, para involucrarse en una conversación que jamás acabará, sino que continuará alimentando la imaginación. No es una crítica contra la interpretación, sino contra el confinamiento, contra el asesinato del espíritu. Dicho tipo de crítica es una obra de arte en sí misma.

Este es el tipo de crítica que no enfrenta al crítico con el texto, que no busca poseer autoridad, sino que busca viajar con el trabajo y con sus ideas, invitarlo a florecer e invitar a otros a participar de una conversación que puede que anteriormente pareciese impenetrable, para señalar relaciones que pueden haber pasado desapercibidas y abrir puertas que tal vez estuviesen cerradas. Es el tipo de crítica que respeta el misterio esencial de una obra de arte, que en parte es su belleza y su placer, ambos irreductibles y subjetivos. La peor de las críticas es aquella que busca tener la última palabra y dejarnos al resto en silencio; la mejor es la que abre un intercambio inacabable.

Liberaciones

Woolf libera el texto, la imaginación, el carácter ficticio, y después exige esa libertad para nosotros mismos, especialmente para las mujeres. Esto nos lleva a la esencia de la Woolf que más ilustrativa me ha sido: la que celebra continuamente una liberación que no es oficial, no es institucional, no es racional, sino que es cuestión de ir más allá de lo familiar, de lo seguro, de lo conocido y entrar en un mundo más amplio. Sus demandas de liberación de la mujer no eran únicamente el que pudiesen realizar parte de las tareas institucionales que hacían los hombres (y que actualmente también hacen las mujeres), sino el tener total libertad para vagabundear, geográfica e imaginariamente.

Admite que esto requiere de diferentes formas prácticas de libertad y de poder, algo que reconoce en *Una habitación propia*, una obra recordada demasiado a menudo solo como una demanda de espacios e ingresos propios pese a que también demanda universidades y un mundo completo vía la historia miserable de Judith Shakespeare, la hermana maldita del escritor: «Judith no pudo aprender el oficio de su elección. ¿Podía siquiera ir a cenar a una taberna o pasear por las calles a la medianoche?».[21] Cenas en tabernas, calles a medianoche, la libertad de la ciudad, todas ellas son elementos de libertad, no para definir una identidad, sino para abandonarla. Tal vez la protagonista de su novela *Orlando*, que vive a lo largo de varios siglos, cambiando de un género a otro, personifica su ideal de total libertad para deambular, en la consciencia, en la identidad, en el romance y en los lugares.

La cuestión de la liberación aparece de otra manera en su diálogo «Profesiones para mujeres», que describe con deliciosa ferocidad el proceso de matar al Ángel de la Casa, la mujer ideal que cubre todas las necesidades y expectativas de los otros, dejando de lado las suyas propias.

> Hice todo lo posible para matarla. Mi pretexto, si tuviera que comparecer delante de un tribunal, sería que actué en defensa propia. […] Matar al Ángel de la Casa formaba parte de la ocupación de una escritora. Pero retomo mi historia. El Ángel estaba muerto; ¿qué quedaba, pues? Puede que digan que lo que quedaba era un objeto simple y común, una mujer joven en un dormitorio con un tintero. En otras palabras, ahora que se había librado de la falsedad, esa mujer joven solo tenía que ser ella misma. Ah, pero ¿qué es «ella misma»? Quiero decir, ¿qué es una mujer? Les aseguro que no lo sé. No creo que ustedes lo sepan.[22]

Llegados a este punto habréis notado que Woolf dice «no lo sé» bastante a menudo.

---

[21] Virginia Woolf, 2008, *Una habitación propia*, Barcelona: Seix Barral, p. 32. (*N. de la T.*)

[22] Virginia Woolf, 2010, *La muerte de la polilla y otros relatos*, «Profesiones para mujeres», Madrid: Capitán Swing, pp. 215-216. (*N. de la T.*)

«La primera, la muerte del Ángel de la Casa, creo que la resolví —dice ella más adelante—. Murió. Pero la segunda, decir la verdad sobre mis propias experiencias como un todo, no creo que la resolviera. Dudo que ninguna mujer la haya resuelto ya. Los obstáculos con los que se enfrenta son todavía inmensamente poderosos, y sin embargo son muy difíciles de definir».[23] Este es el elegante estilo de incumplimiento *woolfiano*, y decir que su verdad debe ser corporal es en sí mismo radical hasta el punto de que era casi inimaginable hasta que ella lo expresó. La personificación aparece en su obra mucho más decorosamente de lo que, por ejemplo, aparece en la de Joyce, pero aparece, y a pesar de que ella lo examina de manera que el poder pueda obtenerse, es *woolfiano* que en su ensayo *De la enfermedad* encuentre que incluso la impotencia de la enfermedad puede resultar liberadora, al forzar a prestar atención a aquello a lo que las personas sanas no le prestan atención, por leer textos con ojos nuevos, por ser transformada. Toda la obra de Woolf, tal y como yo la concibo, constituye un tipo de metamorfosis ovidiana en la que la libertad deseada es la libertad de continuar transformándose, al explorar, deambular e ir más allá. Es una artista de la evasión.

En su demanda de cambios sociales específicos, Woolf era una revolucionaria (y por supuesto que poseía las taras y la falta de visión correspondientes a su clase, lugar y tiempo, más allá de las cuales ella supo ver algunas veces pero no siempre. También nosotros tenemos esos puntos ciegos, esas faltas de perspectiva, por las cuales tal vez, o tal vez no, nos condenen las generaciones venideras). Pero su ideal es el de una liberación que debe ser también interna, emocional, intelectual.

Mi tarea estos últimos veinte años, más o menos, de guiarme por las palabras ha sido la de encontrar o construir un lenguaje para describir las sutilezas, lo incalculable, los placeres y los significados —imposibles de categorizar— que se encuentran en el corazón de las cosas. Mi amigo Chip Ward habla de «la tiranía de lo cuantificable», de la manera en la que lo que puede ser medido casi siempre tiene prioridad sobre lo que no puede serlo: el bene-

[23] *Ibid*, pp. 217-218. (*N. de la T.*)

ficio privado sobre el bien común; la velocidad y eficiencia sobre el disfrute y la calidad; lo utilitario sobre los misterios y significados que, en realidad, son de mayor utilidad para nuestra supervivencia y para más que nuestra propia supervivencia, para unas vidas que tienen cierto propósito y valor y que sobreviven más allá de nosotros mismos y que hacen que la civilización merezca la pena.

La tiranía de lo cuantificable es en parte el fracaso del lenguaje y del discurso para describir fenómenos más complejos, sutiles y fluidos, así como el fracaso de aquellos que moldean opiniones y toman decisiones en comprender y valorar lo escurridizo. Es difícil, a veces imposible, valorar lo que no se puede nombrar o describir, por eso la tarea de nombrar y describir es esencial en cualquier revuelta contra el *statu quo* del capitalismo y el consumismo. En última instancia, la destrucción de la tierra se debe en parte, quizás en gran parte, a un fracaso de la imaginación o a que esta es eclipsada por sistemas de contabilidad que no pueden contabilizar lo que importa. La revuelta contra esta destrucción es una revuelta de la imaginación, en favor de los matices, de placeres que el dinero no puede comprar ni las corporaciones controlar, de ser productores de conocimiento en lugar de consumidores, de lo lento, lo disperso, la digresión, la exploración, lo numinoso, lo incierto.

Quiero acabar con un pasaje de Woolf que mi amiga, la pintora May Stevens, me envió tras escribirlo sobre el texto de uno de sus cuadros, un pasaje que encontró su lugar en *A Field to Getting Lost*. En los cuadros de May, las largas frases de Woolf están escritas de manera que flotan como agua, se convierten en una fuerza elemental que a todos nos arrastra y nos mantiene a flote. En *Al faro*, Woolf escribe:

> Ahora ya no tenía que pensar en nadie. Podía ser ella misma, existir por sí misma. Y de eso se sentía cada vez más necesitada últimamente: de pensar, bueno, ni siquiera de pensar, estar callada, estar sola. Todo su ser y su quehacer, expansivos, rutilantes, alborotadores, se desvanecían; y sentía, con una especie de solemnidad, cómo se iba reduciendo a sí misma, a un núcleo de

sombra que se insinuaba en forma de cuña, algo invisible para los demás. Aunque siguiera sentada haciendo punto, con la misma postura erguida, ahora era cuando empezaba a sentirse a sí misma y todo su ser, se había soltado de sus ligaduras; era libre de emprender las más insospechadas aventuras. Cuando la vida se sumerge durante un lapso de tiempo, el campo de la experiencia parece no tener límites. [...] Debajo de ellos todo está oscuro, se extiende, es inescrutablemente profundo, pero de vez en cuando nos elevamos a la superficie, y eso es lo que ven los demás. Su horizonte parecía no tener límites.[24]

Woolf nos brinda lo ilimitable, lo no captable, la urgencia de aceptar, tan fluida como el agua, tan infinita como el deseo, una brújula con la que perderse.

[24] Virginia Woolf, 2003, *Al faro*, Barcelona: Edhasa, pp. 84-85. (*N. de la T.*)

CAPÍTULO 7

EL SÍNDROME
DE CASANDRA

L a historia de Casandra, la niña que contó la verdad pero no creyeron, no está tan arraigada en nuestra cultura como la de *Pedro y el lobo*, es decir, la del niño al que sí que creyeron las primeras veces que contó la misma mentira. Tal vez debería ser más conocida. Casandra, la hermosa hermana de Helena de Troya, fue maldecida con el don de la profecía certera, pero también a no ser creída por nadie; su familia pensaba tanto que estaba loca como que era una mentirosa y, en algunas versiones, la mantienen encerrada hasta que llega Agamenón y la convierte en su esclava sexual; posteriormente, y sin darle mucha importancia al hecho, es asesinada junto a él.

He estado reflexionando sobre Casandra mientras navegábamos por la picada mar de las guerras del género, porque la credibilidad es un poder muy fundamental en esas guerras y porque demasiado frecuentemente a las mujeres se las acusa de ser totalmente insuficientes en esta área.

Es frecuente que cuando una mujer dice algo que pone en cuestión a un hombre, especialmente si es uno poderoso o un hombre convencional (aunque si es negro no suele ser así, a no ser que acabe de ser elegido para el Tribunal Supremo por un presidente republicano); o si sus palabras cuestionan una institución, especialmente si lo que dice tiene que ver con el sexo, la reacción pondrá en duda no solo los hechos aseverados por la mujer, sino también su capacidad de hablar y su derecho a hacerlo. Generaciones de mujeres han escuchado cómo se les repetía que deliran, que están confusas, que son manipuladoras, maliciosas, conspiradoras, congénitamente mentirosas, o todo a la vez: podríamos llamarlo el síndrome de Casandra.

Pero parte de lo que me despierta más interés es la furia que se muestra al rechazar estas palabras y cómo, muchas veces, dicha furia degenera en casi exactamente la incoherencia o la histeria de la que rutinariamente son acusadas las mujeres. Estaría bien ver cómo, por ejemplo, Rush Limbaugh —el rey del galimatías, el eternamente sulfurado—, por lo visto totalmente incapaz de entender cómo funciona el control de natalidad, fuese tachado de histérico cuando ataca a Sandra Fluke llamándola guarra y prostituta por las intervenciones de esta sobre la necesidad de invertir en control de natalidad. Pero, obviamente, histeria es un término cuyo significado está profundamente marcado por el género.

Rachel Carson fue tachada de ello cuando se editó su monumental libro *Primavera silenciosa,* sobre los peligros de los pesticidas. Carson había presentado un libro cuya masiva investigación, detallada a pie de página, era irrefutable y cuyos razonamientos hoy son considerados proféticos. Pero a las empresas químicas no les gustó nada, y ser mujer fue, por así decirlo, su talón de Aquiles. Podríamos llamarla la Casandra de la ecología. El 14 de octubre de 1962, el *Tucson Arizona Star* reseñaba el libro bajo el titular «*Primavera silenciosa* transforma la protesta en histeria». Aquel mismo mes en un artículo se aseguraba a los lectores que los pesticidas eran totalmente inocuos para los humanos; el dominical del *Time* tildó el libro de Carson de «injusto, parcial e histérico, y excesivamente enfático». «Muchos científicos simpatizan con la mística lealtad que le profesa la señorita Carson al equilibrio de la naturaleza —concedía la crítica—, pero temen que su estallido emocional e impreciso pueda ocasionar más daño», lo que venía a decir que Carson *era* científica, pero lo era por casualidad.

Discursos fracturados y teteras rotas

Histeria es una palabra cuya raíz viene de la palabra griega para definir el útero, y en su momento se pensaba que sus efectos se debían al deambular del útero por el cuerpo; los hombres estaban totalmente exentos de sufrir esta condición cuyo significado actualmente es el de ser incoherente, estar crispado y, tal vez, confuso. A finales del siglo XIX, a las mujeres se les diagnosticaba histeria de manera rutinaria. Las mujeres descritas como tal, cuyas agonías fueron expuestas por el profesor de Sigmund Freud, Jean-Martin Charcot, parecen haber sido víctimas, en algunos casos, de abusos sufridos anteriormente, del trauma resultante y de la incapacidad de expresar sus causas.

El joven Freud tuvo una serie de pacientes cuyos problemas parecían emanar de los abusos sexuales sufridos durante la infancia. Lo que le decían era, literalmente, indecible: incluso a día de hoy los traumas más severos, tanto en la guerra como en la vida doméstica, lo son por la violación de valores morales y por la violación de la psique de la víctima, lo que los hace tan insoportables de articular e incluso de hacer emerger de los oscuros rincones de la mente en los que a menudo son enterrados. La agresión sexual, como la tortura, es un ataque al derecho a la integridad corporal, a la autodeterminación y al derecho de expresión de la víctima. Es aniquilador, silenciador. Y como consecuencia de este silencio, a la víctima se la compele a hablar tanto en su propio proceso de curación (el que para avanzar necesita expresar lo sufrido) como por parte de la ley.

Contar tu historia, y que los hechos y quien los relata sean reconocidos y respetados, es aún uno de los mejores métodos que tenemos para superar los traumas. Las pacientes de Freud, asombrosamente, encontraron la manera de relatar sus sufrimientos y, al principio, Freud las escuchaba. En 1986, escribió: «Por ello expongo la tesis de que en lo más profundo de cada caso de histeria subyacen uno o más sucesos de *experiencias sexuales prematuras...*». En otro sitio Freud escribía a un compañero que si él creía que con todos sus pacientes «en todos los casos, el *padre*, sin excluir al mío propio, debería ser acusado de ser un pervertido».

Posteriormente rechazó sus propias conclusiones. Tal y como la psiquiatra feminista Judith Herman escribe en su libro *Trauma y recuperación*: «Su correspondencia deja claro que cada vez estaba más preocupado por las radicales implicaciones sociales de sus hipótesis. Enfrentado a este dilema, Freud dejó de escuchar a sus pacientes femeninas». Si estas decían la verdad, él se vería obligado a cuestionar toda la estructura de la autoridad patriarcal para apoyarlas. Tras ello, la autora añade: «Con testaruda persistencia, que le condujo a circunvoluciones teóricas aún mayores, insistió en que las mujeres imaginaban los hechos y que deseaban este tipo de encuentros sexuales abusivos de los que se quejaban».[25] Este planteamiento diseñó la coartada perfecta para que transgredieran la autoridad todos aquellos hombres que perpetran estos crímenes contra las mujeres. Ella lo deseaba. Se lo ha imaginado todo. No sabe lo que está diciendo. Todos estos esquemas aún siguen aquí. «Está loca» es el eufemismo habitual para «estoy a disgusto».

El silencio, como el infierno de Dante, tiene sus círculos concéntricos. El primero es el de las inhibiciones internas, inseguridades, represiones, confusiones y la vergüenza que hacen de difícil a imposible el hablar, y que van de la mano del miedo a ser castigada o condenada al ostracismo por hacerlo. Susan Brison, actual directora del departamento de Filosofía en Darmouth, fue violada en 1990 por un hombre, un extraño, quien también la llamó puta y le ordenó que se callara antes de estrangularla varias veces, golpearle la cabeza con una piedra y dejarla por muerta. Ella sobrevivió, pero se enfrentó a graves problemas para hablar de ello. «Una cosa era haberme decidido a hablar y escribir sobre mi violación, pero otra muy distinta era encontrar la voz para hacerlo. Incluso después de que se me hubiese curado la tráquea que me había fracturado, frecuentemente tenía problemas para hablar, nunca estaba muda del todo, pero a menudo sufrí episodios de lo que un amigo ha denominado "habla rota", durante los cuales tartamudeaba y me entrecortaba, incapaz de decir de un tirón ni una sencilla frase sin que mis palabras se dispersasen como las cuentas de un collar roto».

Rodeando este círculo se encuentran las fuerzas que intentan silenciar, sea mediante la humillación, el acoso o el uso de la violencia directa, incluyendo violencia que conduce a la muerte, a

---

[25] Judith Herman, 1991, *Trauma y recuperación: cómo superar las consecuencias de la violencia,* Madrid: Espasa. (*N. de la T.*)

quien de todas maneras se esfuerza en hablar. Por último, en el más exterior de estos círculos, cuando la historia ya ha sido contada y el hablante no ha sido silenciado directamente, se desacredita la historia y al que la relata. En esta zona podríamos situar la breve era en la que Freud escuchaba a sus pacientes con la mente abierta, y que fue como un falso amanecer. Porque su particularidad, la del círculo, es que cuando las mujeres denuncian transgresiones se ataque su derecho y su capacidad para hablar. Llegados a este punto parece algo casi reflejo, y de hecho hay un patrón muy claro, uno que tiene su propia historia.

Este patrón fue cuestionado por primera vez en 1980. En estos momentos ya habíamos oído hablar demasiado de los sesenta. Los cambios revolucionarios de los ochenta —con regímenes derrocados por todo el mundo pero también en los dormitorios, en las aulas, en los lugares de trabajo, en las calles e incluso en las organizaciones políticas (con el apogeo del consenso inspirado por el feminismo y otras técnicas antijerárquicas y antiautoritarias)— son, por otra parte, generalmente olvidados y poco reconocidos. Habitualmente se tacha al feminismo de esta época de mantener una fuerte oposición al sexo porque señalaba que el sexo también es una esfera de poder y que en ella se tiende a abusar de dicho poder, y porque describía la naturaleza de parte de ese abuso.

Las feministas no solo luchaban por cambios legislativos, sino que desde los setenta en adelante también trabajaron para que se definieran e identificaran todo tipo de categorías de violación que hasta ese momento no habían sido reconocidas como tales. Al hacerlo, denunciaban que el abuso de poder constituía un serio problema y que la autoridad de los hombres, de los jefes, maridos, padres —y generalmente adultos— iba a ser cuestionada. Habían creado un marco y unas redes de apoyo que permitían que se pudiesen contar las historias de incesto y abuso infantil, así como las de violaciones y violencia doméstica. Estas historias pasaron a formar parte de la explosión narrativa de nuestros tiempos al permitir que muchas de estas categorías de los antes silenciosos pudiesen hablar sobre sus experiencias.

Parte de los conflictos de esta época fue que nadie sabía cómo escuchar a los niños o cómo preguntarles, e incluso en algunos casos cómo navegar entre sus propias memorias como adultos cuando acudían a terapia. El infame juicio sobre abusos en la guardería McMartin, uno de los más largos y costosos de la historia de este país, comenzó en 1983, cuando una madre del área de Los Ángeles denunció que su hijo sufría abusos allí. Las autoridades no solo se arrojaron alocadamente sobre el asunto, sino que también azuzaron a los padres para que les hicieran a sus hijos preguntas capciosas; además, las autoridades contrataron a un terapeuta para que entrevistase a cientos de niños con más preguntas capciosas, recompensas, peluches y todo tipo de herramientas y técnicas para ayudarles a construir salvajes historias sobre abusos satánicos.

Los resultados de los caóticos interrogatorios durante el juicio a los McMartin son citados algunas veces como pruebas de que los niños no son fiables, de que son mentirosos, deliran, pero sería práctico tener en cuenta que en este caso el problema fueron los adultos. El catedrático en leyes Doug Linder nos cuenta que en una entrevista, el fiscal «reconoce que los niños empezaron a "embellecer y adornar" sus historias de abusos sexuales y afirmó también que, como fiscales, "no tenían nada que hacer en el juicio"»; también afirmó que se ocultó información potencialmente exculpatoria. Pese a todo, los acusados en este largo juicio y en otro posterior fueron declarados inocentes, aunque esto último casi nunca se recuerda.

El 11 de octubre de 1991, se llamó a declarar frente al Comité de Asuntos Judiciales de la Corte Suprema de los Estados Unidos a una profesora de Derecho. El motivo era la vista para la confirmación del nombramiento de Clarence Thomas, el primer juez designado por Bush para la Corte Suprema. La declarante era Anita Hill. Durante el testimonio a puerta cerrada que prestó frente al Senado —y que posteriormente sería filtrado a la prensa—, Anita enumeró una larga retahíla de incidentes durante los cuales Thomas, que en aquellos momentos era su jefe, la hablaba de la pornografía que consumía y de sus fantasías sexuales. También la presionó para que tuviesen citas. Anita afirmó que aunque ella se negara a quedar con él, «él no aceptaba sus explicaciones como válidas», como si un *no* no fuese válido en sí mismo.

Aunque recibió críticas por no haber hecho nada durante el momento de los hechos, vale la pena recordar que hacía muy poco que las feministas habían articulado y acuñado el término «acoso sexual», y que no fue hasta 1986, ya después de que los hechos denunciados hubiesen sucedido, que la Corte Suprema reconoció que este tipo de comportamientos en el lugar de trabajo eran actos perseguibles judicialmente. Cuando testificó sobre ello en 1991 fue, furiosa y profusamente, atacada. Todos sus interrogadores eran hombres, y los republicanos en particular se mostraron incrédulos, burlándose y mofándose. El senador Arlen Specter le preguntó a una de las testigos —que había declarado basándose en un par de encuentros fugaces que había tenido con Anita— si esta tenía fantasías sexuales sobre él: «¿Considera una posibilidad el que la profesora Hill imaginara o tuviese fantasías en las que el juez Thomas le dijese aquellas cosas de las que ahora es acusado?». De nuevo todo estaba enmarcado en el esquema freudiano: al afirmar ella que algo desagradable había ocurrido, en realidad lo que pasaba es que estaba expresando el deseo de que hubiese pasado y que, en realidad, era incapaz de ver la diferencia entre las dos situaciones.

El país al completo estaba alborotado y casi en medio de una guerra civil, ya que la mayor parte de las mujeres entendían completamente lo habitual que es el acoso y la cantidad de consecuencias desagradables que conlleva el denunciarlo y muchos hombres no. A corto plazo, los efectos fueron que Hill se vio sometida a terribles y humillantes juicios y que, de todas maneras, Thomas logró el puesto en la Corte. Las acusaciones más graves y sonoras vinieron de la mano del periodista David Brock, quien primeramente publicó un artículo calumniando a Hill, y posteriormente todo un libro con la misma temática. Una década después, se mostró arrepentido por los ataques que había lanzado sobre Anita, así como por su alineación con la derecha, y declaró: «Hice todo lo que pude por arruinar la credibilidad de Hill, adoptando un enfoque difuso del "todo vale", creando una mezcolanza en la que vertí todo tipo de alegaciones despectivas —y a menudo contradictorias— que hubiera podido obtener del sector pro-Thomas contra Hill. En mis propias palabras "está un poco chalada y es un poco zorra"».

A largo plazo el «Yo creo en ti, Anita» se convirtió en un eslogan feminista, y a menudo se le acredita a Hill el hecho de haber desencadenado una revolución al empujar a que se reconociese y se reaccionase contra el acoso sexual en el trabajo. Un mes después de la vista, se aprobó una ley federal con peso real y efectivo contra el acoso sexual laboral, y las denuncias por acoso se dispararon al abrir la puerta a ello y proporcionar una herramienta para que se pudieran señalar los abusos que tenían lugar en los puestos de trabajo. Las elecciones de 1992 recibieron el sobrenombre de «el Año de la Mujer» y Carol Mosley-Braun, que aún sigue siendo la única mujer afroamericana en ser elegida para el Senado, obtuvo el puesto junto con un gran número de mujeres más que fueron nombradas senadoras o congresistas.

Aún a día de hoy, cuando una mujer dice algo incómodo acerca del comportamiento impropio de algún hombre, habitualmente se la retrata como si estuviese loca, como si delirase, estuviese conspirando maliciosamente, fuese una mentirosa patológica, una llorona que no se da cuenta de que son solo bromas o todo esto a la vez. Este ensañamiento y la crueldad de las reacciones frente a estas denuncias nos recuerdan la utilización de Freud del chiste acerca de la olla rota. Un hombre acusado de haber devuelto estropeada una olla de cobre responde diciendo que él la había devuelto en buen estado; que ya estaba estropeada cuando se la prestaron; y que, de todas maneras, nunca la pidió prestada. Cuando una mujer acusa a un hombre y él, o sus defensores, protestan tanto, la mujer se transforma en esa olla rota, o el hombre se convierte en el prestatario. El filósofo Slavoj Žižek comenta: «Para Freud una enumeración tal de argumentos inconsistentes confirma, claro está *per negationem,* aquello mismo que intenta negar; es decir, que te devolví una tetera rota».[26]

Muchas ollas rotas. Dos décadas después del caso de Anita Hill, cuando la camarera de pisos Nafissatou Diallo acusó al dirigente del Fondo Monetario Internacional, Dominique Strauss-Kahn, de agresión sexual, el *New York Post* la llamó prostituta, el

---

[26] Slavoj Žižek, 2006, *Órganos sin cuerpo, sobre Deleuze y consecuencias,* Valencia: Pre-Textos, p. 75. (*N. de la T.*)

New York Review of Books publicó un artículo en el que se dejaba caer una teoría conspirativa transnacional, y el pelotón de caros abogados al servicio de Strauss-Kahn hizo que los medios de información de masas se centrasen en las supuestas mentiras que Diallo utilizó para pedir el estatus de refugiada de Guinea (Diallo adujo que pedía asilo para evitar que su hija sufriese mutilación genital tal y como ella misma la había sufrido). También atacaron las inconsistencias e incoherencias en el relato de Diallo, pese a que habitualmente las personas que han sufrido algún tipo de trauma sufren exactamente de este tipo de dificultades para transformar una experiencia anulante en una narrativa lineal clara. El caso penal fue desestimado, pero Diallo ganó el caso civil, tanto contra el *Post* como contra Strauss-Kahn, y acabó con la carrera de uno de los hombres más poderosos del mundo o, mejor dicho, lo hicieron ella y el resto de las mujeres que se atrevieron a dar el paso y denunciarle por delitos sexuales.

Incluso este mismo año, cuando Dylan Farrow repitió las acusaciones de que su padre adoptivo, Woody Allen, había abusado de ella, esta se transformó en la olla más rota de todas. Una multitud de atacantes surgió de repente; el fantasma del caso de la guardería McMartin se agitó de nuevo; Allen publicó una carta histriónica, asegurando que él no había abusado de la niña en aquella habitación del ático en la que Dylan afirmaba que lo había hecho, porque no le gustaba dicha habitación y afirmaba que, «sin lugar a dudas», había sacado esa idea de una canción que hablaba de un ático. Añadía además que había sido inducida y «adoctrinada» por su madre, la cual tal vez hubiese sido la auténtica escritora de la acusadora carta publicada por Dylan. Hubo otra división por géneros, en la que muchas mujeres creyeron a la joven, porque ya habían escuchado las mismas historias otras veces, mientras que gran parte de los hombres parece que se fijaron más en el miedo a las falsas acusaciones y exageraban la frecuencia de estas.

Herman, cuyo libro *Trauma y recuperación* aborda de manera conjunta la violación, el abuso infantil y los traumas de guerra, escribe que «el secreto y el silencio son la principal línea defensiva del criminal. Si el secreto falla, el criminal ataca la credibilidad de su víctima. Si no puede silenciarla totalmente, intenta asegurarse de que nadie la escuche [...]. Tras cada atrocidad se puede esperar escuchar las mismas excusas predecibles: eso nunca sucedió, la víctima miente, la víctima exagera, la víctima lo ha provocado ella misma; y siempre, es hora de olvidar el pasado y seguir adelante. Cuanto más poderoso sea el criminal, mayor es su prerrogativa para designar y definir la realidad y más prevalece totalmente su argumentación».[27]

En nuestros días no siempre triunfan estos argumentos. Aún estamos en una era de batallas en las que se lucha por quién tendrá garantizado el derecho de hablar y a ser creído, y la presión viene de ambas direcciones. De parte del movimiento de los derechos del hombre, y con una gran y popular cantidad de desinformación, llega la idea, sin base alguna, de que hay una epidemia de falsas acusaciones de violación. La implicación que acarrea que las mujeres, como categoría, no son de fiar y que el auténtico problema son las falsas denuncias de violación se está utilizando para silenciar a las mujeres individuales, para evitar discutir acerca de la violencia sexual y para hacer que los hombres parezcan las principales víctimas. Este argumento me recuerda al del fraude del voto, un delito tan poco habitual en los Estados Unidos que parece no haber tenido efecto alguno en los resultados de las elecciones en mucho tiempo. Sin embargo, las afirmaciones de los conservadores de que este tipo de fraude es epidémico se han utilizado durante los últimos años para desempadronar a todo tipo de personas —pobres, personas no blancas, estudiantes— que probablemente no les votarían.

Las Casandras en la vida real

No estoy diciendo que las mujeres y los niños no mientan. Los hombres, las mujeres y los niños mienten, pero estos últimos no están peculiarmente inclinados a hacerlo, y los primeros —del mismo género que el barón de Münchhausen y Richard Nixon—

---

[27] Judith Herman, 1991, *Trauma y recuperación: cómo superar las consecuencias de la violencia*, Madrid: Espasa, p.114. (*N. de la T.*)

no poseen una veracidad específica. Lo que argumento es que deberíamos tener claro que estos antiguos esquemas sobre la deshonestidad femenina y la turbiedad del carácter femenino aún son sacados a relucir rutinariamente, y deberíamos empezar a reconocer esto como tal. Puede que también debiéramos empezar a reconocer como una rutina la reacción desproporcionada y emocional que produce el atrevimiento de una mujer a hablar.

Una amiga mía, que trabaja formando sobre el acoso sexual en una importante universidad, relata que un día, mientras hacía una presentación en la escuela de negocios de su campus, un profesor de los más mayores preguntó: «¿Por qué deberíamos empezar una investigación sobre las denuncias de una única mujer?». Tiene docenas de historias como estas y otras sobre mujeres, estudiantes, profesoras, investigadoras, que luchan para que se las crea, especialmente cuando testifican contra criminales de estatus elevado.

Este verano, el columnista antediluviano George Will afirmó que lo único que hay es una «supuesta epidemia de violaciones en los campus» y que cuando las universidades o las feministas o las liberales «hacen de la víctima un estatus encubierto que confiere privilegios, entonces las víctimas proliferan». Escogió el caso más endeble de violación que pudo encontrar y manipuló las estadísticas. Muchas mujeres jóvenes replicaron creando la etiqueta de Twitter #survivorprivileges, y colgaron observaciones del tipo de «no me había dado cuenta de que era un privilegio vivir con TEPT,[28] ansiedad severa y depresión #survivorprivilege» o «# ShoudlBeQuiet porque cuando hablé todo el mundo me dijo que estaba mintiendo? #survivorprivilege». La columna de Will no es más que un nuevo enfoque en la vieja idea de que las mujeres son por naturaleza mendaces, no se puede confiar en ellas, son delirantes y maliciosas, no hay nada de verdad en el fondo de esas acusaciones y que simplemente deberíamos dejarlas y continuar.

Yo tuve mi propia experiencia, a escala reducida, de este tipo de situaciones a principios de año. Había publicado en las redes sociales un extracto de un ensayo mío publicado sobre los setenta

---

[28] Sigla del trastorno de estrés post-traumático. (*N. de la T.*)

en California. Inmediatamente un extraño me criticó como respuesta a los dos párrafos del ensayo que hablaban acerca de incidentes de mi vida que tuvieron lugar en esa época (el que me hubiesen tirado los tejos tíos *hippies* mucho mayores que yo cuando empezaba a rozar la adolescencia). Tanto su rabia como su confianza infundada en su propia capacidad de emitir juicios eran bastante notables; por una parte afirmaba: «Estás exagerando más allá de lo real sin ofrecer más "pruebas" de lo que haría un reportero de la FOX. Como tú dices que "sientes" que era así, entonces tiene que ser verdad. Bueno, yo digo que son mentiras». Yo debía proporcionar pruebas, como si esas pruebas fuesen posibles. Soy como las malas personas que distorsionan los hechos. Soy subjetiva pero me creo objetiva; lo que pasa es que estoy confusa acerca de lo que pienso o sé. Es una letanía muy familiar y una rabia muy habitual.

Si pudiésemos reconocer e incluso identificar este patrón de desacreditación cada vez que una mujer se atreve a denunciar algo, podríamos dejar de empezar desde cero acerca de la discusión sobre la credibilidad. Una cosa más sobre Casandra: la incredulidad con la que se acogían sus profecías fue el resultado de una maldición lanzada por Apolo cuando Casandra rechazó tener sexo con él. En todo momento, ya desde entonces, se ha mantenido la idea de que la pérdida de credibilidad está vinculada a hacer valer los derechos sobre tu propio cuerpo. Pero podemos deshacernos de la maldición que pesa sobre las Casandras que encontramos en nuestra vida cotidiana decidiendo nosotros mismos a quién debemos creer y por qué.

CAPÍTULO 8

#YESALLWOMEN

Feministas que reescriben la historia

E ra un partido decisivo en el Mundial de las Ideas. Los equipos competían furiosamente por la pelota. El equipo de la selección feminista intentó repetidas veces colarla entre los palos de los Problemas Sociales Generalizados, mientras que el equipo contrario, formado por los medios de comunicación de masas y los tíos convencionales, intentaba colarla en la red habitual del Incidente Aislado. Para mantener la pelota fuera de su red, el portero de los convencionales gritaba «enfermedad mental» una y otra vez. La «pelota», por supuesto, era el significado de la masacre de estudiantes perpetrada por uno de sus pares en Isla Vista, California.

Durante todo el fin de semana hubo una enconada lucha por definir sus actos. Las voces de la corriente convencional insistían en que estaba mentalmente enfermo, como si esto pusiese fin a la discusión, como si el mundo se dividiese entre sanos y locos que no comparten fronteras que se entrecrucen ni culturas. La enfermedad mental es sin embargo, habitualmente, una cuestión del grado de la misma, no un tipo, y muchas personas maravillosas que la sufren son gentiles y compasivas. Y por muchas razones (incluyendo la injusticia, la insaciable avaricia y la destrucción ecológica), la locura, como la mezquindad, es algo central en nuestra sociedad, no reside en sus extremos.

En un fascinante artículo de opinión del año pasado, T.M. Luhrmann señalaba que cuando los esquizofrénicos escuchan voces en India, estas suelen ordenarles que limpien la casa, mientras que los estadounidenses suelen ser más proclives a que les digan que deben ser violentos. La cultura importa. Como lo expresa mi amigo, un criminalista que conoce íntimamente la locura y la violencia, «cuando se comienza a perder el contacto con la realidad, el cerebro enfermo se aferra obsesiva e ilusoriamente a lo que sea en lo que esté inmerso, a la enfermedad que sufra la cultura que le rodea».

El asesino de Isla Vista fue tachado repetidas veces de «aberrante» como para enfatizar que él no era como el resto de nosotros. Pero hay más versiones a nuestro alrededor del mismo tipo de violencia, y la más significativa de todas es la pandemia de odio y violencia contra las mujeres.

Al final puede que esta disputa acerca del significado de una matanza cometida por un solo hombre acabe siendo un momento decisivo en la historia del feminismo, que siempre ha estado y aún está en lucha por poder señalar y definir, hablar y ser escuchado. «La batalla por la historia» es como la llama el Center for Story-Based Strategy,[29] puesto que muchas veces ganamos o perdemos las batallas dependiendo en gran medida del lenguaje y de la narrativa que utilizamos.

Esto es lo que escribía en 2010 Jennifer Pozner, crítica de medios de comunicación, sobre otra masacre cometida por un hombre que odiaba a las mujeres:

> Estoy asqueada de tener que seguir escribiendo versiones diferentes del mismo artículo o entradas en bucle en el blog. Pero debo hacerlo, porque en todos esos casos la violencia de género se sitúa en el centro del crimen, y dejar de lado este factor de motivación no solo priva al público de una visión completa y certera de los hechos, sino que nos deja sin el análisis y el contexto necesarios para entender la violencia, reconocer las señales de alarma y tomar decisiones para prevenir hechos de este tipo en el futuro.

---

[29] Organización que ofrece formación y herramientas a otras organizaciones y a los movimientos sociales para poder lograr cambios en las ideas y valores sociales establecidos. (*N. de la T.*)

El asesino de Isla Vista acabó tanto con hombres como con mujeres, pero parecía que el objetivo de su violenta conducta era hacer desaparecer miembros de una sororidad. Evidentemente este hombre interpretó su falta de acceso sexual a las mujeres como un comportamiento ofensivo de parte de estas que, según creía él en una mezcla de supuesto derecho y autocompasión, debían satisfacerle.

#YESALLWOMEN

Richard Martinez, padre de una de las jóvenes víctimas, realizó unas declaraciones en la televisión nacional en las que expresaba profunda y convincentemente su posicionamiento a favor del control al acceso a las armas y criticaba la falta de principios de los políticos que han tragado con el *lobby* armamentístico al completo; también lo hizo contra las causas más habituales de estos estragos. Abogado de oficio en el condado de Santa Bárbara, tal y como les sucede a todas las personas que trabajan en esta área, ha tenido que lidiar durante décadas con la violencia contra las mujeres, con los usuarios de armas y las enfermedades mentales. Él y la madre de Christopher Michaels-Martinez, asistente del fiscal del distrito, conocían bien este terreno antes de perder a su único hijo. El baño de sangre tuvo que ver de hecho con las armas y con la tóxica versión de masculinidad y derecho rampante, así como con la miseria, los estereotipos y las soluciones que proponen las películas de acción a los problemas emocionales. Y, sobre todo, tenía que ver con el odio a las mujeres.

Según un resumen del debate feminista que siguió a los hechos, una mujer joven cuyo nombre en la red era Kaye (y que desde aquel momento ha sido acosada e intimidada constantemente para forzarla a callarse y que abandonase los debates abiertos) empezó a enviar mensajes vía Twitter con la etiqueta #YesAllWomen, en algún momento del sábado que siguió a la masacre. El mismo domingo por la noche se habían enviado, desde todas las partes del mundo, medio millón de tuits con esta etiqueta... Fue como si hubiese estallado una presa. Y tal vez eso es lo que había ocurrido. La etiqueta describe los infiernos y terrores a los que se enfrentan las mujeres y criticaba concretamente la respuesta corporativa que daban los hombres cuando las mujeres hablaban sobre su opresión: «No todos los hombres».

Es la manera en la que algunos hombres dicen «yo no soy el problema», o en la que pasan de la conversación que se esté manteniendo sobre los cadáveres y víctimas del momento así como sobre los perpetradores de estos hechos para proteger su zona de confort de hombres espectadores. Como me dijo una mujer bastante harta de la situación: «¿Qué quieren?, ¿una galleta por no golpear, violar o amenazar a las mujeres?». Las mujeres tienen miedo todo el rato de ser violadas y asesinadas, y puede que sea más importante hablar de esto que el proteger las zonas de confort de los hombres. O dicho de otra manera, en palabras de alguien que en la red se presenta como Jenny Chiu: «Seguro que #NoTodosLosHombres son misóginos y violadores. Pero ese no es el punto a tratar. Pero sí que lo es el que #TodasLasMujeres viven con miedo a los que sí que lo son».[30]

Mujeres y hombres (pero en su mayor parte mujeres) expresaron brillantemente realidades muy duras.

#YesAllWomen porque no puedo tuitear sobre feminismo sin recibir amenazas y respuestas sexualmente agresivas. Hablar no debería darme miedo.

#YesAllWomen porque he visto a muchos más hombres enfadados por esta etiqueta que por las cosas que les suceden a las mujeres.

#YesAllWomen porque si eres demasiado simpática entonces «les estás dando pie» y si eres demasiado cortante te arriesgas a que te agredan. De cualquiera de las maneras eres una perra.

Fue un momento luminoso en el mundo de los medios de masas, una vasta conversación que se entrecruzaba en todas las redes sociales y que incluyó a millones de participantes en Facebook y Twitter, lo que resulta bastante significativo puesto que Twitter es

---

[30] Se ha traducido la etiqueta original para poder mantener el doble sentido de su significado. Tanto las etiquetas originales (#NotAllMen y #YesAllWomen) como su versión en castellano son ampliamente utilizadas en Twitter. (*N. de la T.*)

el medio favorito para enviar amenazas de violación y de muerte a las mujeres que se atreven a hablar. Como señala Astra Taylor en su nuevo libro *The People's Platform*, el·discurso de la libertad de opinión es utilizado para proteger el discurso del odio, es en sí mismo un intento de privar a otros de su libertad de habla, para atemorizarlos en el silencio.

Laurie Penny, una de las voces feministas más importantes de nuestros tiempos, escribió:

> Cuando empezaron a llegar las noticias sobre la masacre, cuando el mundo digital empezó a absorber y discutir acerca de su significado, yo acababa de enviarle un correo electrónico a mi editor pidiéndole unos días libres, porque tras recibir algunas amenazas de violación especialmente horribles, el impacto de estas me había dejado terriblemente afectada y necesitaba tiempo para poner en orden mis pensamientos. En vez de tomarme este tiempo libre, estoy escribiendo este blog, y lo hago llena de rabia y de pena, y no solo por las víctimas de la masacre de Isla Vista, sino por lo que estamos perdiendo en cada ámbito y en cada lugar al seguir excusando el lenguaje y la ideología de esta nueva ola de misoginia que nos azota... Estoy asqueada de que me digan que tengo que empatizar con los perpetradores de esta violencia cada vez que intento hablar de las víctimas y de los supervivientes.

Nuestras palabras son nuestras armas

En 1963, Betty Friedan publicó el relevante libro, *La mística de la feminidad*, en el que escribió: «El malestar que no tiene nombre —y que no es más que el que impide a las mujeres estadounidenses crecer hasta alcanzar su capacidad humana total— es más grave para la salud física y mental de nuestro país que cualquier enfermedad conocida».[31] En los años que siguieron, esos problemas

---

[31] Betty Friedan, 2009, *La mística de la feminidad,* Valencia: Cátedra, p. 431. (*N. de la T.*)

recibieron diferentes nombres: chovinismo machista, sexismo, misoginia, desigualdad y opresión. La cura vendría de «la liberación de la mujer» o «feminismo». Estas palabras, que actualmente parecen estar ya bastante desgastadas por el uso, eran soplos de aire fresco en aquel momento. Desde el manifiesto de Friedan, el feminismo en parte ha continuado poniéndole nombre a las cosas. El término «acoso sexual», por ejemplo, fue acuñado en los setenta, usado por primera vez por el sistema judicial en los ochenta, se le otorgó estatus legal en 1986 y tuvo una difusión generalizada tras el torbellino desatado por el testimonio de Anita Hill contra su antiguo jefe, Clarence Thomas, en la vista que tuvo lugar frente a la comisión judicial del Senado durante la designación de Thomas como miembro de la Corte Suprema. El equipo interrogador, formado totalmente por hombres, acosó y trató de forma paternalista a Hill; paralelamente muchos hombres, tanto en el Senado como en el resto del país, no fueron capaces de entender por qué importa el hecho de que tu jefe te diga o no cosas lujuriosas y el que te pida servicios sexuales. O simplemente negaron que ese tipo de cosas sucedan.

Muchas mujeres se indignaron. Fue un punto de inflexión, como durante el fin de semana tras la masacre de Isla Vista, un momento en el que cambiaron los términos de la conversación, y con ello aquellos que lo habían entendido presionaron firmemente a aquellos que no lo habían hecho, ayudando a que se abriesen algunas mentes y actualizando algunas ideas. Durante una temporada, la pegatina para los guardabarros «Yo te creo, Anita» estuvo por todas partes. Actualmente se considera que el acoso sexual es menos común en los lugares de trabajo y en las escuelas, y las víctimas tienen muchos más recursos, gracias en parte al coraje de Hill al testificar y al terremoto que siguió a dichas declaraciones.

De hecho, muchas de las palabras con las que se reconoce el derecho a vivir de las mujeres son de cuño reciente: «violencia doméstica», por ejemplo, reemplazó a «golpeo a la esposa» cuando la ley empezó a interesarse (tímidamente) por este tema. Y aunque en este país, todavía cada nueve segundos una mujer es maltratada, gracias a las heroicas campañas feministas de los setenta y los ochenta, la mujer tiene ahora acceso a soluciones que a veces funcionan, a veces la protegen, y a veces —más raramente— envían al maltratador a la cárcel. En 1990, el *Journal of the American Medical Association* informaba: «Estudios de la Dirección General de Sanidad revelan que la violencia doméstica es la principal causa de lesiones entre las mujeres entre los quince y los cuarenta y cuatro años; esta causa es más común que todas las muertes derivadas de accidentes automovilísticos, atracos y cáncer juntas».

Al comprobar estos datos acabo llegando a la página de Internet de la Coalición Contra la Violencia Doméstica de Indiana, en la que se avisa a los visitantes que su historial de visitas puede estar siendo vigilado en sus propias casas y proporciona el número de una línea directa de apoyo a víctimas de violencia doméstica. La página informa directamente a las mujeres que sus maltratadores pueden intentar castigarlas por buscar información o por denunciar su situación. Esta es la realidad.

Otra de las cosas más espantosas sobre las que he leído recientemente fue un artículo en el *Nation* sobre el infame asesinato de Catherine «Kitty» Genovese en un vecindario de Queens, Nueva York, en 1964. El autor, Peter Baker, nos recuerda que parte de los vecinos que presenciaron momentos de su violación y posterior asesinato desde sus ventanas probablemente confundieron el salvaje asalto de un extraño con las acciones de un hombre ejerciendo sus derechos sobre «su» mujer. «Claro que importa y afecta que en aquellos tiempos la violencia ejercida por un hombre sobre su esposa o su pareja sentimental fuese ampliamente considerada como un asunto privado. Ciertamente que tiene que ver que, a ojos de la ley tal y como se recogía en 1964, era imposible que un hombre violase a su esposa».

Términos como «violación entre conocidos», «violación en cita» y «violación marital» aún tenían que ser nombrados y creados.

Palabras del siglo XXI

El lenguaje es poder. Cuando transformas la «tortura» en «técnicas de interrogatorio mejoradas», o a los niños asesinados en «daños colaterales», rompes el poder del lenguaje de verbalizar significados, de hacernos ver, sentir y preocuparnos. Pero funciona en ambos sentidos. Puedes utilizar la fuerza de las palabras para enterrar los significados o para excavarlos. Si te faltan palabras para un fenómeno, una emoción, una situación, si no puedes hablar sobre ello, lo que significa es que no eres capaz de abordarlo, menos aún de cambiarlo. Expresiones coloquiales —Catch-22,[32] resistencia activa, ciberacoso, el 99 por ciento y el 1 por ciento— nos han ayudado a describir nuestro mundo pero también a redibujarlo. Esto es especialmente importante y cierto en el caso del feminismo, ya que es un movimiento focalizado en darle voz a los sin voz y poder a los que no lo tienen.

Una de las expresiones más convincentes y poderosas de nuestro tiempo es «cultura de la violación». El término devino en uso generalizado a finales de 2012, cuando las agresiones sexuales de Nueva Delhi, India, y Steubenville, Ohio, se convirtieron en historias de portada. Tal y como lo describe el texto de una definición especialmente poderosa:

La «cultura de la violación» es el entorno en el que la violación prevalece y en el que está normalizada y excusada la violencia sexual contra las mujeres dentro de la cultura y los medios populares. La cultura de la violación se perpetúa mediante la utilización del lenguaje misógino, la objetivación de los cuerpos de las mujeres y la «glamurización» de la violencia sexual, ya que crea así una sociedad que obvia los derechos de las mujeres y su seguridad. La cultura de la violación afecta a cada mujer. La mayor parte de las chicas y de las mujeres limitan sus comportamientos debido a la existencia de la violación. La mayor parte de las mujeres y de las niñas viven bajo el temor de la violación. Los hombres, normalmente, no. Así es como la violación funciona, como una poderosa herramienta, gracias a la cual la población femenina

---

[32] Es una expresión que significa «callejón sin salida, el pez que se muerde la cola...»; nace del título del libro de Joseph Heller, Catch-22, en el que se relata la experiencia de un piloto de bombardero B-25 que se niega a pilotar. Se da la paradoja de que se considera que ninguna persona en su sano juicio llevaría a cabo una misión así por su peligrosidad, por lo que el hecho de pedir no hacerlo alegando una enfermedad mental es un claro indicio de que está sano mentalmente. Por otro lado, presentarse voluntario es una señal de locura, lo cual exime de hacerlo. (N. de la T.)

al completo se ve sometida a una subordinación frente a toda la población masculina; y esto es así aunque haya muchos hombres que no violen y muchas mujeres que nunca serán víctimas de la violación.

Algunas veces he escuchado cómo se utilizaba «cultura de la violación» para describir específicamente lo que se ha denominado *lad culture*,[33] la cultura sarcástica y lasciva en la que se alojan algunos chavales. Otras veces se utiliza para señalar y criticar la cultura de masas, que rezuma de misoginia en su ocio, en sus desigualdades cotidianas, en sus agujeros legales. El término nos ayudó a dejar de pretender que las violaciones son anomalías, que no tienen nada que ver con la cultura como tal o incluso que son antitéticas a sus valores. Si lo fuesen, una quinta parte de todas las mujeres estadounidenses (y uno de cada setenta y un hombres) no serían supervivientes de la violación; si fuesen antitéticas a sus valores, el 19 por ciento de las estudiantes universitarias no tendrían que enfrentarse a la agresión sexual; si lo fuesen, el ejército no estaría atravesando una epidemia de violencia sexual. El término «cultura de la violación» nos permite empezar a concretar las raíces del problema en la cultura en su conjunto.

El término «derecho sexual» fue utilizado en 2012 en referencia a las agresiones sexuales cometidas por el equipo de *hockey* de la Universidad de Boston, aunque se pueden encontrar usos previos de este término. Yo lo escuché por primera vez en 2013, en un informe de la BBC sobre un estudio acerca de la violación en Asia. El estudio concluía que en muchos de los casos, el motivo de la

---

[33] La *lad culture* surge en los noventa y reivindica la cultura juvenil de una clase media urbana que se viste como la clase obrera aunque no continúe con la tradición de lucha de esta. La *lad culture* o «cultura de chicos» rechaza la idea del «hombre nuevo» (feminista aunque narcisista) y reclama una vuelta a los valores del sexismo hegemónico masculino y a la homosociabilidad, especialmente en ambientes festivos, con una fuerte cultura de la borrachera y de la defensa de la supremacía del hombre sobre la mujer, especialmente en el terreno sexual, haciendo apología de los chistes sobre la violación, los abusos y el desprecio al sector LGTB. Uno de sus pilares es la idea de que los hombres están siendo destruidos por el feminismo y se agrupan como respuesta al sentimiento de humillación por la pérdida de identidad, autoridad y privilegios. El *britpop* fue su exponente musical, especialmente el grupo Oasis; en el cine están representados con obras como Lock & Stock... o *Snatch* de Guy Ritchie. (*N. de la T.*)

violación era la idea de que un hombre tiene derecho a tener sexo con una mujer sin importar los deseos de esta. En otras palabras, o consideran que sus derechos son mayores que los de ella, o que ella no tiene ninguno. Esta sensación de que el sexo es algo que las mujeres les deben a los hombres está en todas partes. A muchas mujeres se nos dice —como me lo dijeron a mí en mi juventud— que por algo que hicimos o dijimos, por cómo vestíamos o simplemente por nuestro aspecto, por el hecho de que éramos mujeres habíamos provocado el deseo y que, en consecuencia, contractualmente estábamos obligadas a satisfacerlo. Se lo debíamos. Ellos tenían ese derecho. Derecho a nosotras.

La rabia masculina de no poder satisfacer necesidades emocionales y sexuales es demasiado común, como la idea de que puedes violar o castigar a cualquier mujer para vengarte de lo que otra mujer ha hecho o no ha hecho. Una adolescente fue apuñalada hasta la muerte por rechazar la invitación de un chico a ir al baile de promoción esta primavera; una mujer, madre de dos hijos, de cuarenta y cinco años, fue asesinada el 14 de mayo de 2014 por intentar «alejarse» del hombre con el que estaba saliendo; la misma noche del tiroteo de Isla Vista, un californiano disparó a una mujer porque esta rechazó tener sexo con él. Tras los asesinatos de Isla Vista, el término «derecho sexual» de repente estaba en todas partes y los blogs, los comentarios y las conversaciones empezaron a definirlo con brillantez y con furia. Creo que ese 14 de mayo marcó la entrada de esa expresión en nuestro hablar cotidiano. Ayudará a que las personas puedan identificar y deslegitimar muestras de este fenómeno. Ayudará a cambiar las cosas. Las palabras importan.

Crímenes, grandes y pequeños

El chico de veintidós años que, el 23 de mayo, asesinó a tres de sus compañeros e intentó asesinar a muchos más antes de quitarse la vida culpaba de su infelicidad a los errores de otros en vez de a los suyos propios, y juró que castigaría a las jóvenes que, pensaba él, le habían rechazado. De hecho, ya lo había hecho anteriormente con repetidos actos de violencia menor que predecían su estallido final. En su larga, triste y autobiográfica queja, recopila aquella primera semana en la universidad:

Vi a dos tías buenas rubias esperando en la parada del autobús. Llevaba puesta una de mis camisetas bonitas, las miré y sonreí. Me miraron, pero ni siquiera se dignaron a sonreír en respuesta. Simplemente miraron para otro lado como si yo fuese un idiota. Lleno de rabia cambié de sentido y fui hasta su parada de autobús y les tiré encima mi café con leche del Starbucks. Sentí una sensación [de] maliciosa satisfacción cuando vi la mancha en sus pantalones. «¡Cómo se atrevían esas chicas a humillarme de esa manera! ¡Cómo se atrevían a insultarme así!», me dije a mí mismo con rabia una y otra vez. Se merecían el castigo que les di. Fue una lástima que mi café no estuviese suficientemente caliente como para quemarlas. ¡Esas chicas merecían ser arrojadas al agua hirviendo por el crimen de no haberme dado la atención y adoración que tan merecidamente merezco!

La violencia doméstica, el *mansplaining*, la cultura de la violación y el derecho sexual están entre las herramientas lingüísticas que redefinen el mundo con el que muchas mujeres se encuentran cotidianamente y abren el camino para comenzar a cambiarlo.

El geólogo y director de investigaciones del siglo XIX, Clarence King, y los biólogos del siglo XX han utilizado el término «equilibrio puntuado» para describir un patrón de cambio que requiere de lentitud, periodos calmados de relativa inmovilidad interrumpida por turbulentos intervalos. La historia del feminismo es uno de los equilibrios puntuados en los cuales nuestra conversación sobre la naturaleza del mundo en el que vivimos, bajo la presión de hechos inesperados, de repente nos empuja hacia delante. Es entonces cuando cambiamos la historia.

Creo que, actualmente, estamos en un momento de este tipo de oportunidades, en el que no solo un joven asesino miserable, sino toda la construcción del edificio social en el que vivimos se pone en entredicho. Aquel viernes en Isla Vista, nuestro equilibrio se vio interrumpido, y como un terremoto cuando desata tensiones entre placas tectónicas, los reinos del género se desplazaron un poco. Se desplazaron no por la masacre, sino porque millones se juntaron en una vasta red conversacional para compartir experiencias, revisar significados y definiciones, y llegar a nuevos entendimientos. En los homenajes que hubo por toda California, la gente sostenía velas; en esta conversación la gente sostenía ideas, palabras e historias que también brillaron en la oscuridad. Tal vez este cambio crecerá, durará, tendrá trascendencia y será un homenaje duradero para las víctimas.

Hace seis años, cuando me senté y escribí «Los hombres me explican cosas» esto es lo que me sorprendió: aunque había comenzado con un ejemplo ridículo de paternalismo masculino, acabé hablando de violaciones y asesinatos. Tendemos a tratar la violencia y el abuso del poder como si cupiesen en categorías herméticas: el acoso, la intimidación, las amenazas, las palizas, la violación, el asesinato. Pero ahora me doy cuenta de que lo que estaba intentando decir era que esto es una pendiente muy resbaladiza. Esta es la razón por la que tenemos que señalar esa pendiente, más que compartimentar las variedades de misoginias y tratar cada una por separado. Hacerlo así ha supuesto fragmentar el dibujo, ver solo partes, no el conjunto.

Un hombre actúa en la creencia de que no tienes derecho a hablar y que no eres nadie para definir qué es lo que está pasando. Esto puede significar cortarte durante una conversación en la cena o durante una conferencia. También puede significar que te digan que te calles, o amenazarte si se te ocurre abrir la boca, o darte una paliza por hablar, o asesinarte para silenciarte para siempre. Él puede ser tu marido, tu padre, tu jefe o tu editor, el desconocido que te encontraste en una reunión o en el tren o el tipo que nunca antes habías visto, pero que está enfadado con otra persona y piensa que «mujeres» es una categoría suficientemente pequeña como para que puedas pagar por «ella». Allí está él para decirte que no tienes derechos. Las amenazas normalmente preceden a los hechos, esta es la razón por la que las mujeres que son objetivos de amenazas de muerte y violación en la red se las toman seriamente, aunque las páginas que permiten que se cuelguen estas amenazas y los oficiales de la ley no parece que también lo hagan. Muchas mujeres son asesinadas tras dejar a un novio o marido que piensa que ella es de su propiedad y que ella no tiene derecho a la autodeterminación.

Pese a esta lúgubre temática, estoy impresionada con el poder que el feminismo ha exhibido últimamente. Ver entrar en acción a Amanda Hess, Jessica Valenti, Soraya Chemaly, Laurie Penny, Amanda Marcotte, Jennifer Pozner y a otras jóvenes feministas durante el fin de semana que siguió a la masacre cometida por Rodger fue alucinante, y la súbita explosión de los tuits #YesAllWomen fue increíble. La gran cantidad de hombres que hablaron con cuidado y sensibilidad fueron conmovedores. Cada vez más y más hombres se comprometen con esta lucha en vez de ser simplemente espectadores *NotAllMen*.

Se podía ver que las ideas que una vez fueron radicales volaban y florecían en los medios de masas. Se podía ver que nuestros argumentos y nuevas formas de redefinir el mundo ganaban terreno y adhesiones. Tal vez simplemente habíamos alcanzado un punto de cansancio insoportable frente al sector que defiende la no regularización de las armas de fuego, tras más de cuarenta tiroteos en escuelas desde el de la Escuela Elemental Sandy Hook en diciembre de 2012; cansados de las recompensas por fantasías machistas de control y venganza; cansados del odio a las mujeres.

Si echamos un vistazo al «malestar que no tiene nombre» de Betty Friedan podemos ver un mundo que era profundamente diferente al que vivimos ahora, uno en el que las mujeres tenían muchos menos derechos y mucha menos voz. En aquellos tiempos, argumentar que las mujeres deberían ser iguales era una posición marginal; ahora defender que no deberían serlo no es marginal en esta parte del mundo y la ley, en general, está de nuestra parte. La lucha ha sido y será larga y dura y algunas veces desagradable; las reacciones de rabia contra el feminismo siguen siendo salvajes y omnipresentes, pero no están ganando. El mundo ha cambiado profundamente y necesita cambiar mucho más, y cuando aquel fin de semana de luto, introspección y conversaciones acabó, podíamos ver cómo continuaba cambiando.

CAPÍTULO 9

LA CAJA DE PANDORA Y LA UNIDAD POLICIAL DE VOLUNTARIOS

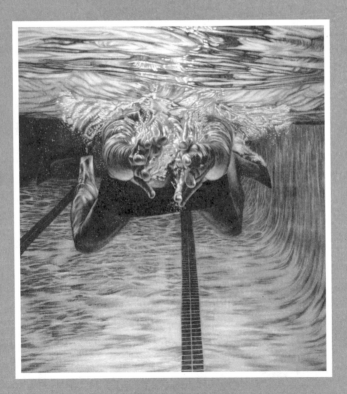

La historia de los derechos de las mujeres y el feminismo se retrata algunas veces como la de una persona que debería haber alcanzado el último poste del camino o que no ha sido capaz de realizar suficientes progresos como para alcanzarlo. Al llegar el nuevo milenio mucha gente parecía expresar la idea de que el feminismo había fracasado o que ya no tenía sentido. Por otro lado, en los años setenta se realizó una maravillosa exhibición feminista titulada «Tus 5.000 años se han acabado». Se trataba de una parodia de todas aquellas proclamas radicales lanzadas contra dictadores y regímenes abusivos que decían «tus [llena el espacio en blanco] años se han acabado». También dejaba unas cuantas cosas claras.

El feminismo es un esfuerzo para cambiar algo muy antiguo, muy extendido, y profundamente enraizado en muchas —puede que en la mayor parte— de las culturas de nuestro mundo, en innumerables instituciones y en la mayor parte de los hogares de la tierra, y en nuestras mentes, que es donde todo empieza y todo acaba. Que se hayan transformado tantas cosas en las últimas cuatro o cinco décadas es algo increíble; que todo no se haya cambiado permanentemente, definitivamente, irrevocablemente no es una señal de fracaso. Una mujer camina por una carretera de mil kilómetros. A los veinte minutos de empezar a caminar, ellos proclaman que aún le quedan novecientos noventa y nueve kilómetros por andar y que no lo conseguirá.

Llevará su tiempo. Hay señales que marcan el camino, pero también hay muchas personas que viajan por esa carretera y lo hacen a su propio ritmo; algunas llegan más tarde, también hay otras que intentan parar a toda aquella persona que camina hacia delante, y unas pocas caminan marcha atrás o se sienten confusas sobre la dirección en la que deberían caminar. También en nuestras vidas cotidianas retrocedemos, fallamos, continuamos, lo intentamos de nuevo, nos perdemos y algunas veces damos un gran salto, encontramos lo que no sabíamos que estábamos buscando, y aun así continuamos teniendo contradicciones durante generaciones.

Una carretera es una imagen limpia, clara, fácil de visualizar, pero nos lleva a la confusión cuando se nos dice que la historia del cambio y la transformación es un sendero lineal, como si pudieses describir la historia de Sudáfrica, Suecia, Pakistán y Brasil como una en la que todos van caminando de la mano al unísono. Aquí va otra metáfora que me gusta por cómo expresa no el progreso, pero sí el cambio irrevocable: la caja de Pandora o, si se prefiere, los genios de las botellas (o *djinns*) de *Las mil y una noches*. En el mito de Pandora nos encontramos con el habitual énfasis en la peligrosa curiosidad de la mujer que abrió la vasija —de hecho realmente fue una vasija y no una caja lo que los dioses le entregaron— y que al hacerlo desencadenó todos los males en el mundo.

Algunas veces se remarca qué es lo que quedó en la vasija: la esperanza. Pero lo que ahora mismo me parece interesante es que de la misma manera que los genios, o los espíritus poderosos, en *Las Mil y una noches* las fuerzas que Pandora deja salir no regresan a la lámpara. Adán y Eva comieron del Árbol del Conocimiento y dejaron de ser, para siempre, ignorantes. Algunas culturas antiguas le daban las gracias a Eva por habernos hecho totalmente humanos y conscientes. No hay marcha atrás. Se pueden abolir los derechos reproductivos que las mujeres consiguieron en 1973, con el caso «Roe contra Wade», cuando el Tribunal Supremo legalizó el aborto o, mejor dicho, sentenció que las mujeres tenían derecho a la privacidad respecto a sus propios cuerpos, lo que ponía fin a la prohibición del aborto. Pero no se puede abolir tan fácilmente la idea de que las mujeres poseen ciertos derechos inalienables.

Curiosamente, para justificar dicho derecho, los jueces citaron la Decimocuarta Enmienda, la enmienda constitucional adoptada en 1868 como parte del reconocimiento posterior a la Guerra de Secesión de los derechos y libertades de los anteriormente esclavos. Así que podemos mirar al movimiento contra la esclavitud —en el que hubo una poderosa participación femenina y repercusiones feministas— que finalmente condujo a la adopción de la Decimocuarta Enmienda, y ver cómo, más de un siglo después, esa enmienda se utiliza para servir específicamente a las mujeres. «Quien siembra vientos recoge tempestades» es supuestamente una maldición que te buscas tú mismo, pero algunas veces las tempestades que se recogen suponen un regalo.

Pensar desde fuera de la caja

Lo que no regresa a la vasija o a la caja son ideas. Y las revoluciones están hechas, en su mayor parte, de ideas. Puedes reducir los derechos reproductivos, tal y como han hecho los conservadores en la mayor parte de los estados federales, pero no se puede convencer a la mayor parte de las mujeres de que no deberían tener control sobre sus cuerpos. Los cambios prácticos tienen lugar tras el cambio en los corazones y las cabezas. A veces los cambios legales, políticos, económicos, ambientales siguen a estos otros cambios, pero no siempre sucede porque es importante saber dónde está el poder para hacerlo. Por ejemplo, a la mayor parte de los estadounidenses encuestados les gustaría ver una ordenación económica diferente de la que existe, y la mayor parte de ellos están más deseosos de ver cambios radicales respecto al medioambiente y al cambio climático que lo que lo están las corporaciones que controlan esas decisiones y la gente que las toma.

Pero en el ámbito social, la imaginación posee gran poder. El área más importante en la que esto ha sucedido ha sido la de los derechos para gais, lesbianas y personas transgénero. Hace menos de medio siglo, ser cualquier otra cosa que no fuese rigurosamente heterosexual suponía ser tratado como un criminal o como un enfermo o ambos, y castigado severamente. No solo no existía protección alguna contra este tipo de trato, sino que además las leyes ordenaban la persecución y la exclusión.

Estas importantes transformaciones se explican muchas veces como relatos de política legislativa y como campañas específicas para cambiar leyes. Pero detrás de eso se encuentra la transformación de la imaginación que guio el paso hacia el declive de la ignorancia, el miedo y el odio llamado homofobia. La homofobia estadounidense parece encontrarse justo en un momento de lento pero constante declinar, más característico de los ancianos que de los jóvenes. Este declive se vio catalizado por la cultura y promulgado por incontables personas no heteronormativas que salieron del armario para ser ellas mismas en público. Mientras escribo esto, una pareja de jóvenes lesbianas acaban de ser elegidas reinas de la fiesta de graduación de un instituto del sur de California y dos chicos gais fueron elegidos la pareja más linda de su instituto en Nueva York. Puede que estos ejemplos no sean más que rollos de popularidad estudiantil, pero habría sido algo totalmente imposible no hace tanto.

Es importante señalar —como hago en «Elogio de la amenaza» en este mismo libro— que la misma idea de que el matrimonio pudiera extenderse a dos personas del mismo género es posible porque el feminismo sacó el matrimonio del sistema jerárquico en el que estaba y lo reinventó como una relación entre iguales. Aquellos que se sienten amenazados por el matrimonio entre personas del mismo género, lo están porque se sienten amenazados ante la idea de la igualdad entre parejas heterosexuales y parejas del mismo sexo. La liberación es un proyecto contagioso, en cuanto a las tormentas que se recogen.

La homofobia, como la misoginia, aún es una terrible realidad; no tan terrible como, digamos, en 1970. Encontrar las maneras de apreciar los avances logrados sin caer en la autocomplacencia es una tarea delicada. Requiere no perder la esperanza, la motivación y mantener la vista puesta en el premio que hay al final del camino. Decir que algo está bien como está o que no llegará a ser mejor de lo que es son maneras, ambas, de no ir a ninguna parte o de hacer imposible el que se vaya a cualquier lado. Ambos enfoques implican que no hay otro camino más allá de ese, y que si lo hay no necesitas o no puedes tomarlo. Puedes hacerlo. Lo hemos hecho. Tenemos tanto camino por recorrer que mirar hacia atrás para ver lo lejos que hemos llegado puede resultar alentador. La violencia doméstica era generalmente invisible y no tenía castigo alguno hasta el heroico esfuerzo que hicieron las feministas para exponerla y para acabar con ella. Aunque actualmente genera un porcentaje significativo de las llamadas a la policía, reforzar esto ha sido algo bastante endeble en la mayor parte de los lugares, pero la idea de que el marido tiene derecho a golpear a la esposa y que esto es un asunto privado no va a regresar en mucho tiempo. Los genios no regresan a sus botellas. Y esta es la manera, en realidad, en que funcionan las revoluciones. Las revoluciones son, sobre todo, de las ideas.

El gran teórico anarquista David Graeber escribía recientemente:

¿En qué consiste una revolución? Solíamos pensar que lo sabíamos. Las revoluciones eran la toma del poder por parte de fuerzas populares con el objetivo de transformar la propia naturaleza del sistema político, social y económico del país donde tuviera lugar, normalmente impulsadas por un sueño visionario de una sociedad justa. Hoy en día, vivimos en una época en la que, si un ejército rebelde entra arrasando una ciudad o un levantamiento masivo derroca a un dictador, es bastante improbable que esos ideales se vean realizados. Cuando ocurre una transformación social profunda —pongamos como ejemplo el auge del feminismo—, es más probable que esta se manifieste de manera totalmente distinta. No es que haya escasez de sueños revolucionarios, pero los revolucionarios contemporáneos rara vez piensan que puedan hacerlo con algún tipo de equivalente moderno de la toma de la Bastilla. En momentos como este, generalmente conviene volver a la historia que ya conocemos y preguntarnos: ¿alguna vez las revoluciones fueron lo que pensamos que serían?

Graeber afirma que no lo fueron. En esencia, las revoluciones no eran tanto la toma del poder en un lugar determinado, como rupturas de las que nacieron nuevas ideas e instituciones y cuyo impacto se extendió. Como él dice: «La Revolución rusa de 1917 fue una revolución mundial y en última instancia tan responsable del New Deal estadounidense y de los estados de bienestar europeos como del comunismo soviético». Lo que significa que la asunción habitual de que la Revolución rusa solo condujo al desastre puede ser puesta patas arriba. Continúa así: «El último episodio de esta serie fue protagonizado por la revolución mundial de 1968, que de similar manera a la de 1848, irrumpió prácticamente a nivel mundial, desde China hasta México y, aunque no se hizo con el poder en ningún lugar, cambió mucho las cosas. Esta era una revolución en contra de las burocracias estatales y a favor de la inseparabilidad de la liberación política y personal, cuyo legado más duradero probablemente fue el nacimiento del feminismo moderno».

La unidad policial de voluntarios

Se ha descubierto el pastel, los genios han escapado de la lámpara, la caja de Pandora se ha abierto. No hay marcha atrás, aunque sigue habiendo todo tipo de fuerzas intentando hacernos retroceder o al menos intentar pararnos. En mis momentos de mayor desesperanza algunas veces pienso en la elección que tienen las mujeres, entre ser castigadas por no subyugarse y el castigo continuado de la subyugación. Y pese a que las ideas no se pueden meter de nuevo en la lámpara, sigue habiendo todo tipo de intentos de volver a poner a las mujeres en el sitio que les corresponde. O por lo menos en el lugar al que los misóginos piensan que pertenecemos, un lugar de silencio e incapacidad.

Hace más de veinte años, Susan Faludi publicó un libro trascendental, *Reacción. La guerra no declarada contra la mujer moderna*. En él se describía la doble obligación a la que se veían sometidas las mujeres en aquel momento: por una parte se las felicitaba porque ahora eran libres e iguales mientras que por otro lado se las azotaba desde los medios de información con una amplia variedad de artículos, informes y libros en los que se decía que al haberse liberado también se habían vuelto míseras; estaban incompletas, eran infelices, estaban perdidas, solas, desesperadas.

«Este boletín de desesperación se publica en todas partes: en el quiosco de prensa, en la televisión, en el cine, en los anuncios y consultorios médicos y revistas académicas,[34] —escribía Faludi—. ¿Cómo puede ser que las mujeres norteamericanas tengan tantos problemas en un momento en que se supone que son tan afortunadas?».[35]

La respuesta de Faludi era, por una parte, que las mujeres norteamericanas no habían logrado tener éxito tan completamente en su lucha por la igualdad como imaginaban muchos, pero que por otra parte tampoco era una situación de desesperanza vital tan extendida como la que se publicitaba. Este tipo de artículos eran una reacción, un intento de hacer retroceder a las mujeres que aún seguían luchando para ampliar sus logros.

Este tipo de aleccionamiento sobre cómo las mujeres son desdichadas y nefastas no se ha desvanecido. Este es un extracto del editorial de la publicación *n+1*, de finales de 2012, en el que se analiza la actual avalancha de artículos violentamente reactivos sobre las mujeres en el *Atlantic*:

> *Escuchen señoras*, dicen estos artículos. *Estamos aquí para hablaros de un modo parcial y denigrante.* Cada una de estas autoras informa sobre algún dilema determinado al que se enfrenta la «mujer moderna», y le ofrecen como ejemplo sus propias vidas. [...] Los problemas que describen sus autoras, siempre mujeres, son distintos, pero su visión final es la misma, que las relaciones tradicionales de género están aquí para quedarse y que cualquier cambio social progresista es una causa perdida. Educadamente, como si fuesen buenas amigas, el *Atlantic* les dice a las mujeres que ya pueden dejar de intentar ser feministas.

Una unidad policial de voluntarios que intenta poner a las mujeres en su sitio o devolverlas al que piensan que es dicho lugar. El mundo digital está lleno de amenazas en su mayor parte de violación y

---

[34] Susan Faludi, 1993, *Reacción. La guerra no declarada contra la mujer moderna*, Barcelona: Anagrama . (*N. de la T.*)
[35] *Ibid. (N. de la T.)*

muerte para aquellas mujeres que sobresalen, quienes, por ejemplo, participan en la comunidad de jugadores en red o las que denuncian o hablan sobre temas controvertidos, o incluso contra la mujer que hace poco comenzó una campaña para que los billetes británicos llevasen imágenes de mujeres. En una situación poco habitual, muchos de los que la amenazaron fueron identificados y denunciados. Tal y como tuiteó la escritora Caitlin Moran: «Para los que decís "¿por qué te quejas?, simplemente bloquéalo", que sepáis que en un buen día para los *trolls*, se pueden recibir unos 50 mensajes violentos con amenazas de violación en una hora».

Puede que haya toda una guerra desencadenada actualmente, y no entre sexos —no es una división tan sencilla como decir que las mujeres conservadoras están en un lado y los hombres progresistas en otro—, sino que es una guerra sobre los roles de género. Lo que evidencia que las mujeres y el feminismo continúan logrando avances es que algunas personas se sienten amenazadas y les enfurecen dichos avances. Esas amenazas de violación y muerte son la versión cruda de esta respuesta. La versión elegante es aquella que recogen todos los artículos que citan tanto Faludi como *n+1* en los que se nos dice a las mujeres lo que somos y a lo que podemos aspirar y a lo que tal vez no podamos.

Y el sexismo accidental siempre está presente para volver a colocarnos las riendas: un editorial del *Wall Street Journal* culpando a las madres de aquellos niños que no tienen padre nos arroja el término «carrerismo femenino».[36] La escritora de *Salon*, Amanda Marcotte, señala: «Por cierto, si escribes en el buscador de Google «carrerismo femenino» te aparecen una gran cantidad de páginas a las que ir, pero si en el mismo buscador, Google, escribes

---

[36] Es un término difícil de traducir. En inglés el término se refiere al deseo de hacer carrera profesional y la traducción literal de *careerism* en castellano es «arribismo» (malas artes relacionadas con la ascensión laboral) y es difícil hacer el juego de palabras con el buscador de Google a la hora de que te proponga una a cambio como sería el de carreras de hombres (entendido como carrera profesional) o carrera de Mahler (el compositor); pero sí que es cierto que si escribimos «arribismo masculino» las primeras entradas en Google tienen que ver con el sentido de la palabra y el género de esta. En cambio si pones «arribismo femenino» salen primero entradas criticando un supuesto comportamiento femenino, después el significado etimológico y tras ello la crítica feminista al feminismo institucional. (*N. de la T.*)

«carrerismo masculino», Google te pregunta si no quieres decir «carreras masculinas» o incluso «carrera de Mahler». El «carrerismo» —la patológica necesidad de tener un trabajo remunerado— parece que, aparentemente, solo afecta a las mujeres».

Luego tenemos también todos esos tabloides que vigilan los cuerpos y las vidas de las mujeres famosas y que siempre encuentran que estas han hecho algo mal porque están demasiado gordas, demasiado delgadas, demasiado sexis o no lo suficiente, demasiado solteras, que aún no tienen hijos, que se están perdiendo la oportunidad de ser madres, que han sido madres, pero no lo han hecho bien. Y siempre se asume que la ambición de cada una de ellas no es el ser una gran actriz o cantante o una voz en la lucha por la libertad o una aventurera, sino esposa y madre. Vuelvan al redil, señoras famosas. Las revistas de moda y las revistas para mujeres dedican gran parte del espacio de las mismas a aconsejarte cómo seguir tú misma esos objetivos o a entender qué fallos estás cometiendo para lograrlos.

En su gran libro de 1991, Faludi concluye: «Y pese a todas las fuerzas que la reacción reunió [...] las mujeres nunca se rindieron».[37] Los conservadores continúan luchando ahora mismo, sobre todo, en la retaguardia. Intentan volver a ensamblar un mundo que nunca ha existido realmente tal y como lo imaginan, y en la medida en que lo hizo, existió a expensas de toda la gente —de la gran mayoría de nosotros— forzada a desaparecer, hacia el armario, la cocina, el espacio segregado, a la invisibilidad y el silencio.

Gracias a la demografía, el ataque conservador no funcionará —los Estados Unidos no van a volver a ser un país mayoritariamente blanco—, porque los genios no regresan a la lámpara, las personas no heteronormativas no regresarán al armario y las mujeres no se rendirán. Es una guerra, pero no creo que la estemos perdiendo, incluso aunque no la vayamos a ganar pronto; mientras algunas batallas se ganan, otras se empiezan y a algunas mujeres les va muy bien mientras que otras sufren. Las cosas continúan cambiando de modos interesantes y algunas veces hasta de maneras premonitorias.

---

[37] Faludi, *op. cit.* (*N. de la T.*)

¿Qué quieren los hombres?

Las mujeres son el eterno sujeto, lo que es bastante similar a ser sometidas, subyugadas o incluso como una nación oprimida. En comparación hay muchísimos menos artículos escritos acerca de si los hombres son felices o si sus matrimonios también tienen problemas o acerca de lo bonitos o no que son sus cuerpos, incluso respecto a los famosos del cine. Ellos son el género que comete la mayor parte de los crímenes, especialmente de los crímenes violentos, además de cometer la mayor parte de los suicidios. Los hombres estadounidenses logran peores resultados escolares y han salido más derrotados en la actual depresión económica que las mujeres, lo que debería hacerles ser un interesante sujeto de investigación.

Creo que el futuro de algo que puede que no sigamos denominando feminismo debe incluir una búsqueda o una investigación más profunda entre los hombres. El feminismo desea y busca cambiar todo el sistema humano; es cierto que muchos hombres ya se han unido a este proyecto, pero cómo beneficia a los hombres y de qué manera el *statu quo* actual también les daña son temas que merecen una reflexión más profunda. Como también se necesita ahondar en los hombres como perpetradores de la mayor parte de la violencia, de las amenazas, del odio —las fuerzas de choque de la unidad policial voluntaria— y la cultura que les anima a ello. O tal vez ya ha comenzado esta investigación.

A finales de 2012, dos casos de violación acapararon una gran cantidad de atención en todo el mundo: la violación en grupo y asesinato de Jhoti Singh en Nueva Delhi y la violación de Steubenville, en el que tanto la víctima como los asaltantes eran adolescentes. Es la primera vez que recuerde yo que se trataban las agresiones cotidianas a las mujeres de la misma manera que se han tratado otros crímenes de odio como los linchamientos y ataques a las personas gais; es decir, como ejemplos de un fenómeno extendido que era intolerable y que no debe limitarse a la persecución del crimen como algo individual, sino que debe de ser señalado y combatido socialmente. Las violaciones siempre han sido señaladas como incidentes aislados debidas a perpetradores cuya existencia es una anomalía en la sociedad —o debidas a necesidades naturales incontrolables o al comportamiento de la víctima—, más que como una pauta cuyas causas son culturales.

La conversación cambió. El término «cultura de la violación» empezó a circular profusamente. Dicho término insiste en que una amplia asunción cultural de un hecho genera crímenes individuales y que son ambas cosas las que deben ser —y pueden ser— señaladas y combatidas. Esta expresión fue utilizada por primera vez por las feministas en los setenta, pero lo que la hizo pasar a formar parte del lenguaje cotidiano, por lo menos esto es lo que la evidencia sugiere, fueron las «Marchas de las Putas» que empezaron en 2011 como una forma de protesta contra la culpabilización a las víctimas.

En Toronto, un policía les dijo a las estudiantes, mientras que daba una clase sobre seguridad en una universidad, que no se vistiesen como putas. Al poco, las Marchas de las Putas se convirtieron en un fenómeno internacional, compuesto en su mayor parte por chicas jóvenes, gran parte de ellas vestidas de manera *sexy*, que recuperaban el espacio público, de manera similar a las marchas de los ochenta llamadas Recuperemos la Noche,[38] pero con más pintalabios y menos ropa. Las feministas jóvenes son un fenómeno apabullante: listas, rebeldes, divertidas defensoras de sus derechos y espacios, su actitud cambia la conversación.

Aquel comentario del policía sobre el ser «puta» era parte del énfasis que las universidades han puesto en decirle a sus estudiantes cómo deben encerrarse ellas mismas para lograr seguridad —no vayas allí, no hagas eso— en lugar de decirle a sus estudiantes hombres que no deben violar: esto es parte de la cultura de la violación. Hartas de ello, ha surgido un movimiento de alcance nacional organizado casi totalmente por mujeres universitarias, muchas de ellas supervivientes de agresiones sexuales en los campus, que están forzando a que se cambie la manera en la que las

---

[38] Recuperemos la Noche (*Take Back the Night* en inglés) es el nombre que se les da a las movilizaciones específicas que se realizan para visibilizar la violencia que existe contra las mujeres cuando estas caminan solas y de noche por la calle. (*N. de la T.*)

universidades tratan estas agresiones. Del mismo modo ha nacido un movimiento que señala e identifica la epidemia de agresiones sexuales en el ejército, la cual también ha tenido éxito a la hora de forzar cambios reales en la política y la persecución legal de estas agresiones.

El nuevo feminismo está visibilizando los problemas de nuevas maneras, tal vez de maneras que solo ahora, cuando tantas cosas han cambiado, es posible. Un estudio sobre la violación en Asia extrajo conclusiones bastante dramáticas sobre la extendida naturaleza de la misma, pero también introdujo el término «derecho sexual» para explicar el porqué de gran parte de ello. La autora del informe, la doctora Emma Fulu, comentaba: «Los hombres creían que tenían derecho a tener sexo con la mujer sin importar el consentimiento o no de esta». En otras palabras, que ella no tenía derechos. ¿Dónde aprendieron eso?

El feminismo, como remarcaba en 1986 Marie Sheer, «es la noción radical de que las mujeres son seres humanos», una noción que sin que esté universalmente aceptada, no obstante se está extendiendo. El cambio en la conversación es alentador, como también lo es el creciente compromiso de los hombres con el feminismo. Siempre ha habido hombres que han apoyado el feminismo. Cuando en 1848, en Seneca Falls, Nueva York, tuvo lugar la primera convención por los derechos de las mujeres, treinta y dos de los cien firmantes de su manifiesto, un eco de la Declaración de Independencia, eran hombres.

Aun así se veía como un problema de las mujeres. Como el racismo, la misoginia nunca será abordada adecuadamente si se hace solo desde las víctimas. Los hombres que lo asumen también entienden que el feminismo no es un intento de despojar a los hombres de sus derechos, sino una campaña para liberarnos a todos.

Hay más cosas de las que necesitamos liberarnos: tal vez de un sistema que premia la competitividad, la crueldad, el pensamiento a corto plazo y el más rudo individualismo; un sistema que funciona a la perfección para la destrucción del medioambiente y el consumo ilimitado; a esto le llamamos capitalismo. Personifica lo peor del machismo mientras que destruye lo mejor de la Madre

Tierra. Cuantos más hombres entren en él, mejor para el sistema, pero eso no nos vale realmente a ninguno de nosotros. Podemos echar un vistazo a otros movimientos, como la revolución zapatista, que tienen ideologías más amplias que incluyen la perspectiva feminista además de la medioambiental, económica, indígena, así como otras. Puede que este sea el futuro del feminismo, el que no es solo feminismo. O el presente del feminismo: el levantamiento zapatista empezó en 1994 y aún continúa, de la misma manera que lo hacen un sinnúmero de proyectos más que reimaginan quiénes somos, qué queremos y cómo debemos vivir.

Cuando estuve en 2007 en un encuentro zapatista en la selva Lacandona, que giraba en torno a la realidad de las voces y de los derechos de las mujeres a finales de 2007, las mujeres atestiguaban conmovedoramente cómo habían cambiado sus vidas cuando como parte de su revolución ganaron sus derechos tanto en la casa como en la comunidad. «No teníamos derechos», decía una de ellas sobre la época anterior a la rebelión. Otra de ellas declaraba: «Lo más triste de todo es que no podíamos entender nuestros propios problemas, el por qué se abusaba de nosotras. Nadie nos había hablado de nuestros derechos».

Aquí está, esta es la carretera, y puede que tenga mil millas, pero la mujer que camina por ella no está en la primera milla. No sé cuánto tendrá que avanzar, pero sé que no va a retroceder, pese a todo lo que tenga en contra, y además, no camina sola. Puede que sus acompañantes sean incontables hombres, mujeres y personas cuyos géneros sean mucho más interesantes.

Aquí están la caja que sostuvo Pandora, y las lámparas de las que se liberó a los genios; ahora parecen prisiones y ataúdes. Hay gente que muere en esta guerra, pero las ideas no pueden ser eliminadas.

AGRADECIMIENTOS

Hay muchas personas a las que dar las gracias. Marina Sitrin fue una gran amiga y un gran apoyo; ella fue quien me instigó para que escribiera este libro y, en parte, para su hermana pequeña Sam Sitrin; y a Sallie Shatz que me llevó a aquella extraña fiesta en Colorado en la que empezó todo. La amistad con feministas más mayores que yo, especialmente Lucy Lippard, Linda Connor, Meridel Rubenstein, Ellen Manchester, Harmony Hammond, MaLin Wilson Powell, Pame Kingfisher, Carrie y Mary Dann, Pauline Esteves y May Stevens, ha sido algo valioso y que me ha fortalecido, como lo ha sido también la amistad de feministas más jóvenes como Christina Gerhardt, Sunaura Taylor, Astra Taylor, Ana Teresa Fernández, Elena Acevedo Dalcourt y muchas más cuya fiera inteligencia sobre política de género me hace tener esperanzas sobre el futuro, como también lo hace la solidaridad de los muchos hombres de mi vida y en los medios que están en sintonía con nosotras sobre estos temas y que son ahora audibles.

Aunque, tal vez, debería comenzar con mi madre, quien se suscribió a *Ms. Magazine* desde el momento de su aparición y que mantuvo su suscripción durante años. Creo que la publicación la ayudó, aunque siguiese luchando durante las cuatro décadas siguientes contra los habituales conflictos entre obediencia e insurrección. Para una niña que había devorado el *Ladies' Home Journal*, el *Women's Circle* y cualquier cosa que pudiera encontrar para leer, esta nueva publicación supuso un poderoso aliño para mi dieta y una potente herramienta para reconsiderar gran parte del *statu quo* existente tanto en aquella casa como fuera de ella. Lo que no hizo que fuese más fácil ser una niña en los setenta, pero sí que hizo que fuese más fácil entender por qué no lo era.

Mi feminismo creció y decreció, pero la falta de libertad de las mujeres en sus movimientos por la ciudad me golpeó dura y personalmente al final de mi adolescencia, cuando empecé a sufrir ataques constantes en mi entorno urbano y casi nadie parecía pensar que se tratase de un tema de derechos civiles o una crisis o una atrocidad, sino que se entendía como una razón por la cual yo debía coger taxis, recibir clases de artes marciales o ir siempre con hombres (o llevar armas) adonde fuera que fuese, o tener un aspecto más de hombre o irme a vivir a una urbanización. No hice ninguna de esas cosas, pero sí que pensé mucho sobre el tema (y para mí, el capítulo «La guerra más larga» es la tercera visita que realizo a ese violento territorio que mezcla mujeres y espacio público).

El trabajo de las mujeres, como gran parte del trabajo de los obreros o el trabajo campesino, es a menudo invisible y no reconocido, el trabajo que mantiene al mundo unido, trabajo de mantenimiento tal y como lo ha definido la gran artista feminista Mierle Laderman Ukeles en su manifiesto del llamado Manteinance Art. Gran parte de la cultura también funciona de este modo, y aunque yo he sido la artista reconocida de todos mis libros y ensayos, los buenos editores han sido las fuerzas silenciosas que han hecho posible este trabajo y que algunas veces lo han hecho mejor. Tom Engelhardt, el editor, que también es amigo y colaborador, le ha abierto las puertas a gran parte de mis escritos de la década pasada, desde que en 2003 le envié, sin que hubiese pedido nada, un ensayo. TomDispatch ha sido un paraíso de gente afín, una pequeña organización pero cuyo impacto es poderoso, un lugar en el que mi voz no tiene que ser homogeneizada ni apretujada para tener su sitio. Es revelador el que más de la mitad del material de este libro fuese escrito para TomDispatch, el buzón desde el que enviar cartas al mundo (y que parece que el mundo recibe bastante bien, gracias a la maravillosa distribución de la página web).

Los ensayos que aparecen en este libro son versiones editadas de trabajos previamente publicados. «La guerra más larga» y otros ensayos en este libro que primeramente aparecieron en TomDispatch estaban salpicados de notas que proporcionaban fuentes sobre estadísticas, anécdotas y citas. Mantenerlas hubiese supuesto acompañar el texto de largas y pesadas notas al pie, por ello dichas fuentes no aparecen aquí pero, pueden encontrarse en la versión en la red.

«Los hombres me explican cosas», «La guerra más larga», «Mundos que colisionan en una *suite* de lujo», además de «La caja de Pandora y la unidad policial de voluntarios» son textos publicados por TomDispatch.

«Elogio de la amenaza» es lo único que hasta ahora he publicado en *Financial Times*. Fue publicado ahí el 24 de mayo de 2013 bajo el título «More equal than others» (http://www.ft.com/intl/cms/s/2/99659a2a-c349-11e2-9bcb-00144feab7de.html).

Escribí «Abuela Araña» para el número 100 del *Zyzzva Magazine*, una publicación literaria de San Francisco.

Y el ensayo sobre Virginia Woolf fue en sus orígenes el discurso de apertura a la Decimonovena Conferencia Anual binacional sobre Virginia Woolf de 2009 en la Universidad de Fordham.

NOTA DE LA ARTISTA

Mi trabajo como mujer y artista Mexicana es un duelo entre el estado político de los Estados Unidos y el de México, la inmigración y la disparidad intelectual y laboral entre géneros. Vestida de negro y con estiletos, busco confrontar y explorar interseccionalidad. Mi proceso artístico consta de performances in-situ que varían entre arte publico, acciones de guerrilla o colaboraciones con las comunidad. Estos performances y los eventos se documentan. La documentación se convierte en una pintura foto-realista. Y la pintura la utilizo como un medio no-ficticio para presentar una narrativa verídica y a veces casi mítica o utópica. Mi trabajo ilustra verdades alternas y recrea mitos anticuados, aportando otras perspectivas que dan fuerza y voz a la mujer, al inmigrante y en general al ser humano.